POÈMES DRAMATIQUES

D'ALEXANDRE POUCHKINE

TRADUITS DU RUSSE

PAR

IVAN TOURGUÉNEFF ET LOUIS VIARDOT

Boris Godounoff. — Le baron avare
Mozart et Salieri
La Roussalka. — L'invité de pierre

PARIS
LIBRAIRIE DE L. HACHETTE ET Cⁱᵉ
BOULEVARD SAINT-GERMAIN, N° 77

1862

POËMES

DRAMATIQUES

D'ALEXANDRE POUCHKINE

OUVRAGE DU MÊME AUTEUR

QUI SE TROUVE A LA MÊME LIBRAIRIE :

La fille du capitaine, traduite du russe par L. Viardot. 1 volume in-16, br., 1 fr.

POËMES DRAMATIQUES

D'ALEXANDRE POUCHKINE

TRADUITS DU RUSSE

PAR

IVAN TOURGUÉNEFF ET LOUIS VIARDOT

Boris Godounoff. — Le baron avare
Mozart et Salieri
La Roussâlka. — L'Invité de pierre

PARIS
LIBRAIRIE DE L. HACHETTE ET Cie
BOULEVARD SAINT-GERMAIN, N° 77

1862

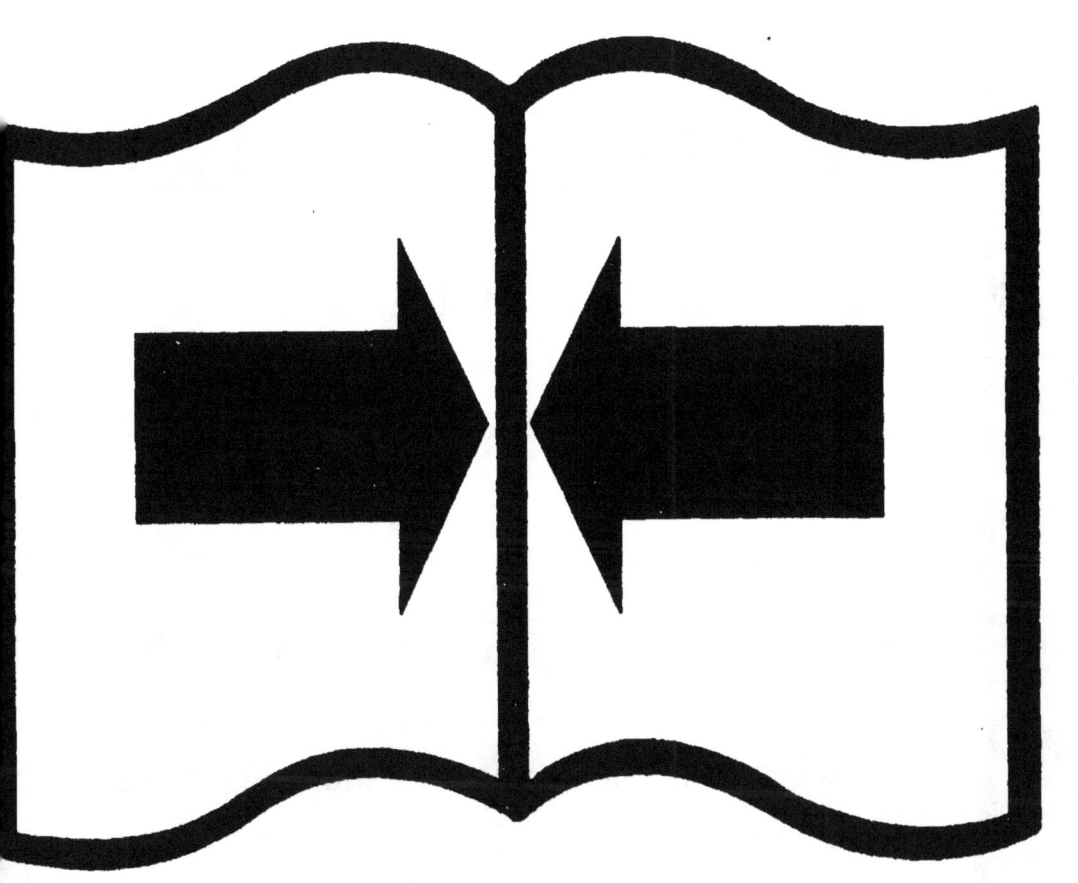

Reliure serrée

POËMES DRAMATIQUES

D'ALEXANDRE POUCHKINE.

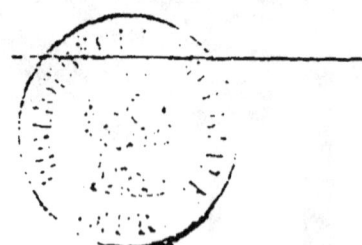

Lorsqu'au mois de janvier 1837, Alexandre Pouchkine périt dans un duel fatal, n'ayant pas encore trente-sept ans, il venait d'écrire à un ami : « Maintenant je sens que mon âme s'est agrandie, et que je puis enfin créer. » Ces mots doivent cruellement augmenter les regrets qu'a laissés sa fin précoce et déplorable. Mais lorsqu'il les écrivait, et s'ouvrait ainsi l'espoir, hélas! aussitôt déçu, d'un bel et grand avenir, Pouchkine ne rendait pas justice à son passé. Déjà il était un grand poëte; déjà il avait, sinon créé, au moins révélé aux

Russes leur langue poétique. Sans doute, avec les années d'une longue vie que lui promettait sa robuste santé, avec sa merveilleuse facilité d'inventer et d'écrire, il pouvait, à lui seul, doter la Russie de toute une littérature poétique. Mais, bien qu'il fût tombé presque au seuil de sa carrière, à l'âge où tombèrent Raphaël et Mozart, cependant ses œuvres de tout genre, pieusement recueillies après sa mort, sont suffisantes, non-seulement pour lui donner le premier rang parmi les écrivains de son pays, mais aussi pour donner un rang distingué à la littérature russe parmi toutes les littératures de l'Europe.

Déjà quelques fragments des poésies lyriques de Pouchkine ont été traduits en diverses langues, et nous-mêmes avons essayé de faire passer dans la langue française un de ses meilleurs récits en prose, l'intéressante nouvelle historique qui a pour titre *la Fille du capitaine*. Nous essayons aujourd'hui un travail plus important et plus difficile, celui de traduire les œuvres dramatiques de Pouchkine.

Que ce mot, toutefois, ne cause pas d'illusion. Pouchkine n'a jamais rien écrit pour la scène, pour la représentation théâtrale; il a seulement donné à quelques sujets la forme dialoguée, la forme dramatique. Tel est, en première ligne, *Boris Godounoff*. C'est un drame historique évidemment Et pourtant il ne porte pas ce titre; il n'est pas divisé en actes, pas même en scènes. Les fragments qui le composent, dans l'ordre des dates et des événements, forment comme les chapitres d'une chronique en dialogue. Ces chapitres sont généralement écrits en vers, en vers blancs non rimés, tels qu'on les trouve dans le grec ou le latin, ainsi que dans les idiomes modernes qui ont les accents poétiques, l'allemand ou l'anglais. Cependant plusieurs de ces chapitres sont écrits en prose, lorsque cette forme convient mieux au dialogue devenu familier et trivial. L'un d'eux, par exception, est écrit en petits vers rimés, pour donner à une causerie de femmes plus de grâce et de coquetterie. Nous aurons soin d'indiquer ces changements de forme en tête de chaque scène. Le drame de *Boris Godounoff* fut composé en 1825, et publié peu de temps après. Quel étonnement ce dut être parmi tous les Russes lettrés, de voir un jeune homme de vingt-cinq ans s'élever tout à coup à la forme de Shakspeare dans ses drames chroniques, lorsqu'à peine commençait de poindre en Europe ce qu'on a nommé la *fièvre shakspearienne*, c'est-à-dire la connaissance et l'imitation du grand dramaturge anglais! Mais la surprise, il faut l'avouer, fut d'abord plus grande que l'admiration; *Boris Godounoff* n'eut pas un succès d'éclat, et les compatriotes de Pouchkine ne lui rendirent pleine justice qu'après que l'Europe entière eut, un peu plus tard, connu et adopté cette forme de poésie, mi-partie d'histoire et de drame.

Les petites pièces qui ont pour titre *Mozart et Saliéri* et la *Roussálka* furent également publiées du vivant de Pouchkine. La première est, comme on le verra, une espèce d'étude psychologique qui repose sur un bruit d'empoisonnement, assez répandu à la mort presque subite de Mozart, sans autre fondement toutefois que la jalousie connue de Saliéri à l'égard d'un rival qui l'éclipsait. La seconde a pour sujet une légende populaire.

Mais l'autre petite pièce intitulée *le Baron avare* fut trouvée dans les papiers de Pouchkine après sa mort, et publiée seulement parmi ses œuvres posthumes. Quelques-uns supposent qu'il entrait dans la pensée de l'auteur de continuer ce sujet, et d'en faire un drame entier avec le personnage d'Albert. Cependant il nous semble que l'on peut fort bien trouver dans ces trois scènes une œuvre complète, une autre étude psychologique, où l'avarice, sans être moins haïssable, se montre sous une forme énergique, grandiose, poétique même, que jamais elle n'avait revêtue.

Quant au drame de *l'Invité de pierre*, — qui est un nouveau *Don Juan*, après ceux de Tirso de Molina, de Molière, de Mozart, de Byron, — bien qu'écrit en 1830, non-seulement Pouchkine ne l'avait pas publié à sa mort, sept ans après, mais il n'avait même jamais révélé à ses amis ni l'œuvre faite, ni le projet de la faire. Il semble ne l'avoir écrite que pour lui-même. Peut-être que, dans sa modestie sincère et non affectée, il avait eu quelque scrupule, quelque honte, de reprendre ce sujet après tant d'illustres devanciers, et d'y faire fléchir le caractère du héros, qui paraît se prendre dans ses propres filets, et mourir autrement qu'il n'avait vécu, amoureux tout de bon. Nous croyons qu'on nous saura gré de tirer aussi de ses œuvres posthumes ce puissant drame en quelques scènes, qui suppose la connaissance des drames antérieurs sur le même sujet. Ce sera permettre une intéressante comparaison, que Pouchkine, il nous semble, n'a point à redouter.

Ce n'est point à des traducteurs qu'il convient de vanter par avance les mérites de l'original. Nous ne voulons pas même faire remarquer comment Pouchkine ose, en toute circonstance, aller droit au fait, sans biais ni détours, et, suivant l'expression espagnole, comment il attaque bravement le taureau par les cornes. Nous voulons seulement rappeler combien la prose, même la prose française, et peut-être elle surtout, est impuissante à rendre avec un peu plus que l'exactitude du sens toutes les beautés d'une poésie de laquelle les Russes disent unanimement qu'elle réunit la force et l'ampleur de Corneille aux grâces et aux délicatesses de Racine. Comme aucun de nos lecteurs ne peut manquer d'avoir comparé des poésies, soit antiques soit modernes, avec la prose qui essaye de les faire passer dans notre langue, et d'avoir reconnu l'insuffisance de ces traductions, il faut, pour l'honneur de Pouchkine, que leur imagination nous vienne en aide, et s'efforce d'ajouter à notre simple canevas la broderie poétique dont nous avons forcément dépouillé ses œuvres.

Ivan Tourguéneff. — Louis Viardot.

BORIS GODOUNOFF

NOTE HISTORIQUE

SUR BORIS GODOUNOFF.

Ivan IV, surnommé le Terrible, mort en 1584, laissa deux fils, Féodor et Dmitri. Celui-ci était fils de sa sixième femme, Marie Nagoï, car, malgré les prescriptions de l'Église grecque qui ne permet que trois mariages successifs, Ivan le Terrible eut autant de femmes qu'Henri VIII d'Angleterre.

Presque en naissant, Dmitri fut relégué avec sa mère à Ouglitch, ville du gouvernement d'Iéroslav.

Sous le nom de Féodor, prince dévot, ascétique, dont la vie se passait au pied des autels, régna son beau-frère Boris Godounoff, qui déjà, sous Ivan le Terrible, était parvenu à la plus grande faveur. Il avait fait partie de la *Douma*, ou conseil privé, avec quelques boyards du plus haut rang, bien qu'il fût d'assez basse extraction et d'origine tatare. Mais, disent les chroniqueurs de cette époque, il était très-grand de taille, très-beau de figure, majestueux et éloquent.

Vers la fin du règne de Féodor, Dmitri fut trouvé, un matin, percé d'un coup de couteau à la gorge, dans la cour de sa maison d'Ouglitch. Les habitants de cette ville, excités par les frères de la tzarine Marie, accusèrent de ce meurtre le fils de la nourrice du jeune tzarévitch, et celui qui était chargé de surveiller la famille Nagoï, un certain Bitiagofski. Une émeute éclata, où périrent treize personnes.

Le tzar Féodor chargea Boris Godounoff de faire une enquête sur la mort de son jeune frère; celui-ci en remit le soin au prince Basile Chouïski, le même qui plus tard renversa le premier faux Démétrius (Dmitri), devint tzar, et, après un règne malheureux de quelques années, fut livré par les Moscovites révoltés aux Polonais, qui le tinrent en prison jusqu'à sa mort.

La voix du peuple accusait Boris Godounoff de ce crime auquel il avait intérêt, car Féodor était sans enfants, et, comme allié à la famille des tzars, comme exerçant tout pouvoir sous le nom officieux de régent, Boris devait prétendre à lui succéder.

L'enquête faite par Chouïski constata que le tzarévitch Dmitri, sujet à des accès d'épilepsie, s'était en tombant percé la gorge d'un couteau qu'il tenait à la main. Elle eut pour résultat de faire déclarer l'innocence de ceux qui avaient péri dans l'émeute, puis de faire condamner à l'exil en Sibérie une quantité d'habitants d'Ouglitch, et jusqu'à la cloche qui avait sonné le tocsin, cloche qui ne fut restituée à cette ville que sous le règne de l'empereur Nicolas. Cependant le célèbre historien Karamsine adopta l'opinion populaire, et accusa formellement Boris du meurtre de Dmitri. C'est sur cette donnée que Pouchkine a établi son drame historique, dédié à la mémoire de Karamsine.

BORIS GODOUNOFF.

(En vers.)

L'ancien palais du Kremlin à Moscou.
1598, 20 février.

LES PRINCES CHOUISKI ET VOROTINSKI.

VOROTINSKI.

Nous sommes chargés, toi et moi, de veiller à la garde de la ville. Mais il me semble que bientôt nous n'aurons plus personne à surveiller. Moscou est vide. Tout le peuple est allé au monastère à la suite du patriarche. Qu'en penses-tu? Comment finira tout ce tumulte?

CHOUÏSKI.

Comment cela finira? Il n'est pas difficile de le prévoir. Le peuple hurlera et pleurera encore un peu; et Boris fera encore un peu de façons, comme un ivrogne devant un verre de vin; puis il nous fera la haute faveur de consentir humblement à prendre la couronne; puis il nous gouvernera comme il l'a fait jusqu'à présent.

VOROTINSKI.

Mais un mois s'est passé depuis qu'enfermé avec sa sœur dans le monastère, il semble avoir renoncé à toute chose terrestre. Ni le patriarche, ni les boyards de la *Douma*[1], n'ont pu jusqu'à présent le fléchir. Il n'entend ni les supplications et les larmes de toute cette ville de Moscou, ni même la voix du Grand Concile[2]. C'est en vain qu'on a supplié sa sœur de lui donner la bénédiction du règne; la triste

---

1. Espèce de conseil d'État, ou plutôt de conseil privé.
2. Réunion de représentants de toutes les classes de la nation. Le Grand Concile n'était pas assemblé plus fréquemment et plus régulièrement que nos anciens états généraux.

tzarine, devenue nonne, est inflexible comme lui-même. Il semble que Boris lui a soufflé son esprit. Que dirais-tu si, en effet, le régent avait assez des soucis de la royauté, et ne voulait plus d'un trône affaibli?

CHOUÏSKI.

Je dirais alors que ce serait bien en vain qu'aurait coulé le sang du jeune tzarévitch; je dirais qu'en ce cas Dmitri pouvait vivre.

VOROTINSKI.

Crime affreux! Serait-ce Boris vraiment qui aurait mis à mort le tzarévitch?

CHOUÏSKI.

Eh, qui donc? Qui a suborné Tcheptsougoff? Qui a envoyé, avec Katchaloff, les deux Bitiagofski? C'est moi qui fus chargé de faire l'enquête à Ouglitch, sur les lieux mêmes; j'ai trouvé toutes fraîches les traces du crime. Toute la ville en avait été témoin. Les dispositions des habitants furent unanimes; et, à mon retour, j'aurais pu, par une seule parole, confondre le scélérat qui cachait sa main.

VOROTINSKI.

Pourquoi ne l'as-tu pas écrasé?

CHOUÏSKI.

J'avoue qu'il m'a troublé alors par son calme, par son assurance effrontée à laquelle je ne m'attendais pas. Il me regardait droit aux yeux, comme un homme innocent; il m'interrogeait, il entrait dans des détails, et je répétais devant lui la fable qu'il m'avait soufflée lui-même.

VOROTINSKI.

C'est mal à toi, prince.

CHOUÏSKI.

Que devais-je faire? Déclarer la vérité au tzar Féodor? Mais il voyait tout par les yeux de Godounoff, entendait tout par les oreilles de Godounoff. Je l'aurais persuadé, que Boris l'eût dissuadé sur-le-champ. Et puis, l'on m'aurait envoyé en exil; et, à l'heure favorable, on m'aurait étranglé sans bruit dans un muet cachot, comme on a fait à mon oncle. Sans me vanter, aucun supplice ne saurait me faire peur. Je ne suis pas lâche; mais je ne suis pas bête non plus, et n'ai pas envie de fourrer ma tête dans le lacet pour rien de rien.

VOROTINSKI.

Ce crime est affreux. Écoute : c'est assurément le remords qui le trouble ; il n'ose franchir le sang de l'enfant innocent pour poser le pied sur le trône.

CHOUÏSKI.

Il le franchira. Boris n'est pas si timide. Alors quel honneur pour nous, pour toute la Russie ! Un esclave d'hier, un Tatar, le gendre de Maluta[1], le gendre d'un bourreau, et lui-même bourreau dans l'âme, s'emparera de la couronne et du collier de Monomaque[2].

VOROTINSKI.

C'est vrai ; il n'est pas de grande famille. Nous sommes de plus haute lignée que lui.

CHOUÏSKI.

Je le crois bien.

---

1. Maluta Skouratoff, le plus féroce et le plus dévoué des sicaires d'Ivan le Terrible.
2. Surnom de Wladimir II, l'un des fondateurs de la puissance russe au douzième siècle. Il était arrière petit-fils de saint Wladimir, qui, un siècle et demi avant, introduisit le christianisme en Russie. Cette couronne et ce collier, auxquels on laissa le nom de Monomaque, lui avaient été envoyés, comme présents d'investiture, par l'empereur grec Alexis Comnène.

VOROTINSKI.

Chouïski, Vorotinski, voilà de vrais princes de naissance.

CHOUÏSKI.

Oui, et du sang de Rurik[1].

VOROTINSKI.

Écoute, prince : à bien considérer les choses, nous avons le droit de succéder à Féodor.

CHOUÏSKI.

Plus que Godounoff.

VOROTINSKI.

Tu en conviens ?

CHOUÏSKI.

Eh bien, si Boris continue à faire le difficile, essayons d'agir sur le peuple. Il a bien assez de vrais princes, de ses princes à lui. Que parmi eux il choisisse un tzar.

VOROTINSKI.

Nous sommes nombreux, nous, les descendants des Varègues ; mais il nous est difficile

---

1. Chef de Varègues, pirates des bords de la Baltique, élu grand prince de Moscovie. Il est le premier fondateur de la monarchie russe, et tous les anciens princes, ou *kniaz*, étaient de sa famille.

de lutter contre Godounoff. Le peuple n'a plus l'habitude de voir en nous les descendants de ses anciens maîtres. Il y a longtemps que nous sommes entrés dans la domesticité des tzars. Et lui, il a su se soumettre le peuple par la crainte, par l'amour, par la gloire.

CHOUÏSKI.

Il est hardi, tandis que nous.... c'est assez. (*Regardant par la fenêtre.*) Mais le peuple revient en foule et en désordre. Allons voir ce qui est décidé. (*Ils sortent.*)

(En vers.)

La place Rouge, devant le palais.

FOULE DE PEUPLE.

UN HOMME.

Il est inflexible. Il a chassé de sa présence les boyards, les évêques, le patriarche; c'est en vain qu'ils ont tous frappé la terre du front devant ses genoux. Le trône lui fait peur.

UN AUTRE HOMME.

O grand Dieu, qui nous gouvernera? Malheur à nous! Nous ne serons plus gouvernés.

UN AUTRE.

Tiens! voici que le *Diàk* en chef[1] sort pour nous annoncer la décision de la *Douma*.

---

1. Le plus haut magistrat, le grand juge.

VOIX DANS LE PEUPLE.

Silence! silence! Le *diâk* de la *Douma* va parler. Silence, écoutez!

(*Le diâk paraît sur le perron rouge.*)

LE DIÂK.

Peuple! le conseil a décidé d'essayer pour la dernière fois la force des supplications sur l'âme affligée du régent. Dès demain, le très-saint patriarche, après avoir solennellement célébré la messe au Kremlin, précédé des saintes bannières, des images de la Vierge de Wladimir et de la Vierge du Don, se lèvera; et avec lui se lèveront tous les boyards, le corps des nobles et les élus du peuple de l'orthodoxe Moscou. Ils iront supplier de nouveau la tzarine pour qu'elle prenne en pitié la patrie orpheline, et qu'elle donne à son frère Boris la bénédiction du règne. Séparez-vous, allez avec Dieu chacun dans son logis, et priez pour que les ferventes supplications des orthodoxes montent jusqu'au ciel.

(*La foule se disperse en faisant des signes de croix.*)

(En vers.)

Le Champ-aux-Vierges devant le monastère des Vierges.

FOULE DE PEUPLE.

UN HOMME.

Ils sont entrés maintenant dans la cellule de la tzarine. Boris et le patriarche y sont entrés aussi avec une cohue de boyards.

UN AUTRE.

Que dit-on?

UN AUTRE.

Il s'obstine toujours. Pourtant il y a de l'espoir.

UNE FEMME AVEC UN ENFANT.

Là, là, ne pleure point; le *Bouka*[1] te viendra prendre.

---

1. Personnage imaginaire dont on fait peur aux enfants; Croquemitaine.

UN HOMME.

Ne pourrait-on pas se glisser par l'enceinte du monastère?

UN AUTRE.

Impossible. On est à l'étroit même ici, dans le champ. Pense donc, tout Moscou s'est entassé ici. Regarde : l'enceinte, les toits, tous les étages du clocher, les dômes de l'église et jusqu'aux croix sont couverts de monde

LE PREMIER.

Oh! que c'est amusant!

L'AUTRE.

Quel est ce bruit?

LE PREMIER.

Écoute, écoute; le peuple s'est mis à hurler. Là-bas, ils tombent rang par rang, comme des vagues. Encore, encore; ça vient jusqu'à nous. Vite, à genoux, frères.

(*Tout le peuple est à genoux. Gémissements et larmes.*)

LE PEUPLE.

Ah! prends pitié de nous, notre père. Règne sur nous. Sois notre père, notre tzar.

UN HOMME, *à voix basse.*

Pourquoi pleure-t-on?

UN AUTRE.

Comment veux-tu le savoir? Les boyards le savent, eux. C'est bien autre chose que nous.

LA FEMME, *à son enfant.*

Eh bien, quand il faut pleurer, tu te tais maintenant. Attends un peu, le *Bouka* va venir. Pleure donc. (*L'enfant sanglote.*) A la bonne heure!

UN HOMME.

Ils pleurent tous. Mettons-nous aussi à pleurer, frères.

L'AUTRE.

Je n'ai pas de larmes. Mais qu'est-ce qu'on crie encore?

LE PREMIER.

Comment le deviner?

TOUT LE PEUPLE.

La couronne est à lui. Il consent. Boris est notre tzar. Vive Boris!

(En vers.)

Le palais du Kremlin.

BORIS, LE PATRIARCHE, LES BOYARDS.

BORIS.

Toi, saint père patriarche, vous tous, boyards, mon âme est à nu devant vous.... Vous avez vu que j'accepte ce grand pouvoir avec crainte et humilité. Combien ma tâche est difficile! Je succède aux deux puissants Ivan; je succède à l'Ange-tzar[1]. O juste, ô mon royal père, daigne jeter du ciel un regard sur les larmes de tes fidèles serviteurs, et envoie à celui que tu as tant aimé, que tu as élevé à une si étonnante hauteur, ta sainte bénédic-

1. Surnom donné au pieux tzar Féodor.

tion, pour qu'il gouverne son peuple en gloire, pour qu'il soit juste et miséricordieux comme toi. J'attends votre aide, ô boyards. Servez-moi comme vous l'avez servi, dans le temps où, non encore choisi par la volonté du peuple, je partageais vos travaux.

LES BOYARDS.

Nous ne trahirons pas notre serment.

BORIS.

Allons maintenant nous prosterner devant les tombeaux des maîtres défunts de la Russie; ensuite que l'on convie tout notre peuple à un festin, depuis les seigneurs jusqu'au dernier mendiant aveugle. A tous, libre entrée; tous, convives bienvenus.

(*Il sort, les boyards le suivent.*)

VOROTINSKI, *arrêtant Chouïski.*

Tu as deviné.

CHOUÏSKI.

Quoi?

VOROTINSKI.

Ici, tantôt, te le rappelles-tu?

CHOUÏSKI.

Je ne me rappelle rien.

VOROTINSKI.

Lorsque le peuple s'en allait au Champ-aux-Vierges, tu disais....

CHOUÏSKI.

Ce n'est plus le temps de se souvenir. Je te conseille de savoir oublier à propos. Au reste, je voulais alors t'éprouver par une feinte calomnie, et mieux connaître la façon de penser. Mais voici que le peuple salue son tzar. On peut remarquer mon absence. Adieu. *Il sort.*

VOROTINSKI.

Rusé courtisan !

En vers.)

La nuit. — Une cellule dans le monastère de Tchoudovo.
1603.

LE PÈRE PIMÈNE, GRÉGOIRE, FRÈRE LAI, *endormi.*

PIMÈNE *écrit, assis devant la lampe des saintes images.*

Encore un, encore un dernier récit, et ma chronique est terminée. La tâche est faite, la tâche qu'à moi, pécheur, avait imposée le Tout-Puissant. Ce n'est pas en vain que le Seigneur m'a placé pour témoin de tant d'années, et m'a donné l'intelligence de l'art d'écrire. Quelque jour, un moine laborieux trouvera mon œuvre loyale, mais sans nom. Comme moi il allumera sa lampe, et, secouant du parchemin la poussière du temps, il copiera ces récits véridiques, afin que les neveux des orthodoxes apprennent les destinées de leur terre maternelle; afin qu'ils mentionnent avec respect leurs grands tzars pour leurs travaux, leur gloire, leurs bienfaits, et, pour leurs fautes, pour leurs sombres actions, qu'ils intercèdent humblement auprès du Sauveur. Je revis dans ma vieillesse; le passé repasse devant moi. Il y a longtemps que, tout plein d'événements divers, ce passé fluait, s'agitant comme les flots de l'Océan. Maintenant le voilà silencieux et tranquille. Ma mémoire ne m'a conservé que peu de visages; peu de paroles résonnent encore jusqu'à moi; et tout le reste a disparu. Mais le jour est proche, ma lampe va s'éteindre. Encore un, encore un dernier récit. (*Il se remet à écrire.*)

GRÉGOIRE, *se réveillant.*

Toujours le même rêve! Est-ce possible? Pour la troisième fois! Maudit rêve! Et toujours, devant la lampe, le vieillard est assis, écrivant; et sans doute, pendant toute la nuit, le sommeil n'a pas fermé sa paupière. Combien j'aime son aspect tranquille, quand, l'âme plongée dans le passé, il reprend et mène sa chronique ! Souvent j'ai désiré deviner ce que sa plume racontait. Était-ce la sombre domination des Tatars ? les cruels supplices ordonnés par Ivan le Terrible ? l'orageux *vetché*[1] de la république de Novgorod ? les gloires de la patrie ? Vainement. Ni sur son front élevé, ni dans ses regards, on ne peut lire ses pensées secrètes. Toujours le même aspect, humble et grand. C'est ainsi qu'un *diak*, vieilli dans les tribunaux, regarde avec le même calme les innocents et les coupables, et écoute avec indifférence le bien et le mal, sans connaître la colère ou la pitié.

PIMÈNE.

Tu t'es réveillé, frère ?

GRÉGOIRE.

Bénis-moi, révérend père.

---

1. La place publique, le *forum*, et en même temps l'assemblée populaire qui s'y tenait.

PIMÈNE.

Que Dieu te bénisse, maintenant, toujours et dans l'éternité.

GRÉGOIRE.

Tu as écrit pendant la nuit entière, sans te livrer au sommeil, tandis qu'une imagination diabolique a troublé mon repos, et l'ennemi des hommes n'a cessé de me tourmenter. Il m'a semblé en songe que j'étais monté par un escalier rapide au sommet d'une tour. De cette hauteur, Moscou me paraissait comme une fourmilière. En bas, sur la place, bouillonnait le peuple, et tous, en riant, me montraient au doigt. J'avais honte, j'avais peur, et, tombant en bas la tête la première, je me réveillais en sursaut. Et trois fois le même songe m'est venu. N'est-ce pas étrange?

PIMÈNE.

C'est le jeune sang qui t'agite. Humilie-toi par le jeûne et la prière, et tes rêves se rempliront d'images sereines. Maintenant encore, si, quand mon front s'appesantit malgré moi, je ne prononce pas une longue prière avant la nuit, mon vieux sommeil n'est ni sans trouble, ni sans péché. Je vois tantôt des festins bruyants, tantôt des camps et des luttes guerrières, enfin les folles distractions de mes jeunes années.

GRÉGOIRE.

Que tu as gaiement passé ta jeunesse! Tu as combattu sous les tours de Kasan; tu as repoussé les armées lithuaniennes avec le brave Chouïski; tu as vu la cour et le faste d'Ivan. Heureux! Et moi, dès mon adolescence, j'erre, pauvre moine, dans de tristes cellules. Pourquoi, moi aussi, ne pourrais-je m'abandonner à l'enivrement des batailles, m'asseoir à la table des tzars? J'aurais eu le temps, comme toi, dans ma vieillesse, de quitter le monde et ses vanités, de prononcer des vœux et de m'enfermer dans une tranquille retraite.

PIMÈNE.

N'aie point de regrets, frère, d'avoir quitté de bonne heure le monde pécheur, et de ce que le Très-Haut ne t'ait point envoyé beaucoup de tentations. Crois-moi, c'est de loin seulement que peuvent nous séduire la gloire, le luxe et les ruses de l'amour féminin. J'ai vécu longtemps, et j'ai pratiqué la vie; mais je n'ai connu le bonheur que depuis que le Seigneur a daigné m'amener dans ce couvent. Pense, mon fils, à nos grands tzars. Qui est au-dessus d'eux? Dieu seul. Qui prévaut contre eux? Personne. Et pourtant leur couronne d'or leur devenait souvent lourde, et ils l'échangeaient contre un capuchon de moine. Le terrible tzar lui-même cherchait souvent le repos dans un semblant d'exercices pieux et d'austérité cloîtrée. Son palais, rempli d'orgueilleux favoris, prenait soudain l'apparence d'un monastère. Les sanglants ministres de ses volontés[1], se couvrant de haires et de cilices, apparaissaient comme de dociles cénobites, et le terrible tzar comme leur pieux supérieur. J'ai vécu ici, dans cette même cellule (elle était alors habitée par Cyrille, l'homme juste aux longues souffrances[2]), et dès lors Dieu m'avait fait la grâce

---

1. On les nommait *opritchniks*, mot à mot gens du service particulier. Les plus grands princes tenaient à honneur de servir parmi les *opritchniks*.

2. Cyrille, une des lumières de l'Église russe, fut mis à mort par Ivan le Terrible.

de m'éclairer sur le néant des vanités mondaines. J'ai vu ici le tzar, fatigué de ses pensées de colère et de supplices. Tranquille, rêveur, était assis au milieu de nous le Terrible. Nous nous tenions immobiles devant lui, et il causait paisiblement avec nous. Il disait à notre supérieur et à toute la communauté; « Mes pères, le jour désiré viendra; j'apparaîtrai ici affamé de salut. Toi, Nicodème, toi, Serge, toi, Cyrille, recevez tous le vœu de mon âme. Je viendrai à vous, moi réprouvé chargé de crimes, et je prendrai la robe vénérable en tombant à vos pieds, ô mes saints pères. » Ainsi parlait le puissant monarque, et sa parole coulait comme du miel, et il pleurait. Et nous pleurions aussi, en suppliant le Seigneur d'envoyer la paix et l'amour à son âme orageuse. Et son fils Féodor, sur le trône, ne soupirait-il pas après la vie paisible d'un cénobite? Il fit de son palais une cellule de prière. Là les pesants soucis du pouvoir ne troublaient pas son âme sainte. Dieu agréa l'humilité du tzar : sous lui, la Russie goûta un bonheur sans nuage, et, à l'heure de sa fin, un miracle inouï s'accomplit : devant sa couche, et visible au tzar seul, apparut un homme tout rayonnant de lumière ; et Féodor se mit à converser avec lui, l'appelant le grand patriarche. Et tous alentour furent saisis de terreur. Ils comprirent qu'il se faisait une apparition céleste, car en ce moment le saint vladika[1] ne se trouvait pas dans la chambre du tzar. Et quand enfin il trépassa, tout le palais se remplit d'un saint parfum, et le visage du mort resplendit comme un soleil. Nous ne verrons plus jamais un pareil tzar. O terrible infortune ! O malheur inouï ! Nous avons péché, nous avons allumé la colère du Seigneur en nommant pour maître un régicide.

GRÉGOIRE.

Il y a longtemps, révérend père, que je veux te questionner sur la mort du tzarévitch Dmitri. En ce temps-là, dit-on, tu étais à Ouglitch.

PIMÈNE.

Hélas ! il ne m'en souvient que trop. Dieu a voulu me faire voir cette action méchante, ce

---

1. Titre du patriarche.

péché sanglant. On m'avait envoyé jusqu'à Ouglitch pour y remplir une fonction monastique.
J'y arrivai la nuit. De grand matin, à l'heure
de la messe, j'entends tout à coup des cloches.
C'était le tocsin qu'on sonnait. Un bruit s'é-
lève, des cris. On court à la maison de la tzarine. J'y cours aussi, et j'y trouve tous les habitants de la ville, je regarde. Le tzarévitch
égorgé est étendu par terre. Sa mère évanouie
près de lui. Sa nourrice sanglote avec désespoir, tandis que le peuple furieux traîne l'impie traîtresse, sa gouvernante. Tout à coup,
dans la foule féroce et pâle de fureur, apparaît
le Judas Bitiagofski. « Voici, voici le scélérat ! »
fut le cri général. Et, en un instant, il n'était
plus. Alors le peuple se mit à poursuivre les
trois assassins, qui s'étaient enfuis et cachés.
On les saisit, et on les amena devant le cadavre
encore chaud du royal enfant. Et, miracle ! le
corps se mit à frémir. « Avouez ! » hurla le
peuple ; et, pleins de terreur, sous la hache,
les scélérats avouèrent, et nommèrent Boris.

GRÉGOIRE.

Quel âge avait le tzarévitch assassiné ?

PIMÈNE.

Près de sept ans. Il aurait aujourd'hui.... Dix ans se sont passés depuis l'événement; non, douze.... il aurait ton âge. Il régnerait. Mais Dieu en a disposé autrement.

C'est par ce récit plein de larmes que je terminerai ma chronique. Depuis cette époque, j'ai peu cherché à connaître les choses du monde. Frère Grégoire, tu as éclairé ta raison par la science; c'est à toi que je transmets mon travail. Aux heures libres d'exercices spirituels, décris sans vain orgueil de sage, décris tout ce dont tu seras témoin dans ta vie, la guerre et la paix, le gouvernement des tzars, les saints miracles des hommes qui ont plu à Dieu, les prophéties et les signes célestes. Pour moi, il est temps de me reposer et d'éteindre ma lampe. Mais voici qu'on sonne la messe du matin. Seigneur, bénissez vos serviteurs. — Donne-moi mon bâton, Grégoire. (*Il sort.*)

GRÉGOIRE *seul*.

Boris, Boris, tout tremble devant toi. Personne n'ose seulement te rappeler le sort du malheureux enfant que tu as frappé. Et cependant, un reclus, dans une sombre cellule, écrit contre toi une dénonciation foudroyante, et tu n'échapperas point au jugement des hommes, pas plus que tu n'échapperas au jugement de Dieu.

(En prose.)

Le palais du patriarche.

LE PATRIARCHE, LE SUPÉRIEUR DU COUVENT DE TCHOUDOVO.

LE PATRIARCHE.
Il s'est enfui, père abbé?

LE SUPÉRIEUR.
Il s'est enfui, saint vladika; voici déjà le troisième jour.

LE PATRIARCHE.
Voyez-vous ce vaurien, ce réprouvé! De quelle famille est-il?

LE SUPÉRIEUR.
De la famille des Otrépieff, gentilshommes de Galitz. Dès sa première jeunesse, il s'est fait

tonsurer on ne sait où ; il a vécu à Souzdâl, dans le couvent de Saint-Éphime ; puis il s'est enfui de là, il a vagabondé de cloître en cloître, puis enfin il est venu dans ma communauté de Tchoudovo. Et moi, voyant qu'il était encore jeune et de faible entendement, je l'ai confié à la direction du P. Pimène, vieillard débonnaire et docile. Il savait bien l'écriture, lisait dans nos chroniques et composait des cantiques pour les saints. Mais il paraît que la science ne lui est pas venue du Seigneur.

LE PATRIARCHE.

Ne me parlez pas de ces savants. Voyez un peu ce qu'il a inventé : « Je serai tzar à Moscou ! » Ah ! vase empli par le diable ! Il ne vaut pas la peine qu'on fasse de lui un rapport au tzar ; pourquoi donner de l'inquiétude à notre gracieux père ? Il suffira de faire part de sa fuite au diacre Smirnoff. Quelle hérésie : « Je serai tzar à Moscou ! » Qu'on attrape cet affidé de Satan, et qu'on l'expédie à Solofski[1],

1. Monastère dans une île de la mer Blanche, lieu de pénitence pour le clergé russe.

dans un exil éternel. N'est-ce pas que c'est une hérésie, père abbé?

LE SUPÉRIEUR.

Une hérésie, saint vladika, une hérésie.

(En vers.)

Le palais des tzars.

DEUX BOYARDS DE RANG INFÉRIEUR.

LE PREMIER BOYARD.

Où est le tzar ?

LE SECOND.

Dans son appartement. Il s'y est renfermé avec je ne sais quel sorcier.

LE PREMIER.

C'est sa société favorite; des sorciers, des devins, des diseuses de bonne aventure. Il est toujours à interroger l'avenir, comme une jeune fiancée. Je voudrais bien savoir sur quoi roulent ces conjurations.

LE SECOND.

Il vient. Veux-tu le lui demander ?

LE PREMIER.

Qu'il est sombre! (*Ils sortent tous deux.*)

BORIS *seul*.

J'ai conquis le pouvoir suprême, et depuis six années je règne tranquillement. Mais il n'y a pas de bonheur pour mon âme. N'est-ce pas ainsi qu'épris dans notre jeunesse, nous souhaitons ardemment les joies de l'amour; mais à peine avons-nous rassasié la faim de notre cœur par une possession d'un moment, que nous retombons, refroidis, dans notre ennui et notre langueur. C'est vainement que les devins me promettent de longs jours, des jours d'un pouvoir paisible. Ni le pouvoir ni la vie même ne me réjouissent plus. Je pressens des malheurs; je vois venir le coup de tonnerre. Mon heureuse chance a tourné. J'avais voulu tranquilliser mon peuple dans l'abondance et dans la gloire, m'attirer son amour par des largesses. Mais j'ai chassé ce vain souci. Le pouvoir vivant est insupportable au peuple; il ne sait aimer que les morts. Nous sommes des fous si ses applaudissements ou ses hurlements de colère peuvent émouvoir notre cœur. Dieu envoya la famine sur notre terre russe; le peuple se lamentait, mourant dans les tourments de la faim. J'ouvris mes greniers, je prodiguai l'or, je leur donnai du travail. Eh bien, c'est moi que les insensés maudissaient. Des incendies dévorèrent leurs maisons; je les fis reconstruire, et c'est encore moi qu'ils accusaient de leur ruine. Voilà ce qu'on nomme le jugement du peuple! Qui donc voudrait rechercher son amour. Je voulais trouver du moins le bonheur dans ma famille, et rendre ma fille heureuse par un mariage de son choix; la mort, comme une tempête, emporte le fiancé, et là encore la renommée accuse perfidement du veuvage de ma fille moi, moi, malheureux père. Quiconque meurt, c'est moi qui suis son assassin secret. C'est moi qui ai hâté la fin de Féodor; moi qui ai empoisonné ma sœur la tzarine, devenue l'humble religieuse; moi, toujours moi. Ah! je le sens, rien ne peut nous consoler au milieu des maux de ce monde, rien, rien.... Je me trompe, la conscience peut le faire. Saine et pure, elle triomphera de tout, de l'envieuse méchanceté, de la sombre calomnie. Mais si une tache s'y met, une seule, même par hasard, alors malheur! Comme frappée de peste, l'âme est livrée à la gangrène; le cœur se gonfle de venin; le reproche sonne à l'oreille comme un marteau; l'on a mal au cœur, la tête tourne, et de petits garçons sanglants vous dansent devant les yeux[1]. L'on serait heureux de s'échapper. Mais comment? où aller? où fuir! Oh! triste est celui qui porte cette tache!...

1. Image prise d'un dicton populaire : « L'ivrogne voit danser des petits garçons. »

(En prose.)

Une auberge sur la frontière de la Lithuanie.

MISSAÏL et VARLAAM, moines vagabonds; GRÉGOIRE OTRÉPIEFF, *en habit laïque;* L'HOTESSE.

L'HÔTESSE.

Que pourrais-je vous offrir, vieillards révérends?

VARLAAM.

Ce que Dieu enverra, bonne hôtesse. As-tu de l'eau-de-vie?

L'HÔTESSE.

Comment ne pas en avoir, mes pères? Je vous en apporte à l'instant. (*Elle sort.*)

MISSAÏL *à Grégoire.*

Pourquoi pends-tu le nez, camarade? Nous

voici à la frontière de la Lithuanie, où tu désirais tant d'arriver.

GRÉGOIRE.

Je ne serai tranquille qu'en Lithuanie.

VARLAAM.

Qu'a cette Lithuanie de si charmant pour toi ? Le P. Missaïl et moi, pécheur, depuis que nous avons sauvé nos bedaines du couvent, nous ne pensons plus à rien. Lithuanie ou Russie, flûte ou violon, pourvu qu'il y ait de l'eau-de-vie.... et la voilà servie.

MISSAÏL.

Bien rimé, père Varlaam.

L'HÔTESSE.

Voici, mes pères; buvez à votre santé.

MISSAÏL.

Merci, petite mère; que Dieu te bénisse. (*Ils boivent. Varlaam se met à chanter la vieille chanson :* Dans la grande ville de Kasan, *etc.*)

MISSAÏL *à Grégoire.*

Eh bien, rien ne passe par ton gosier, ni pour entrer ni pour sortir ?

GRÉGOIRE.

Je ne veux pas.

MISSAÏL.

Aux libres la liberté....

VARLAAM *l'interrompant.*

Et aux ivrognes le paradis, père Missaïl[1]. Buvons pour l'hôtelière une coupe entière. (*Il chante. A Grégoire.*) Pourtant, il faut te dire que, quand je bois, je n'aime pas les sobres. Il y a la bombance, il y a la tempérance. Si tu veux vivre comme nous, sois le bienvenu; sinon, va-t'en au diable. Prêtre et baladin ne chantent pas même latin.

GRÉGOIRE.

Bois d'aplomb, mais garde ta raison, père Varlaam. Tu vois qu'à l'occasion je sais rimer aussi.

VARLAAM.

Comment! que je garde ma raison!

MISSAÏL.

Laisse-le, père Varlaam.

VARLAAM.

Mais qu'est-ce que c'est que ce jeûneur? Ça s'est faufilé dans notre société; Dieu sait d'où

1. Plaisanterie sur le proverbe souvent employé : « Aux libres la liberté et aux croyants le paradis. »

ça sort, Dieu sait ce que c'est; et maintenant, ça fait le fier. (*Il boit et chante.*)

GRÉGOIRE *à l'hôtesse.*

Où conduit ce chemin?

L'HÔTESSE.

En Lithuanie, mon père nourricier, aux montagnes de Louïeff.

GRÉGOIRE.

Sont-elles loin, ces montagnes?

L'HÔTESSE.

Non, pas loin. On pourrait y arriver d'ici à ce soir, s'il n'y avait à passer les barrières du tzar et la visite des nouveaux gardiens.

GRÉGOIRE.

Comment, des barrières? qu'est-ce que cela veut dire?

L'HÔTESSE.

Quelqu'un s'est enfui de Moscou, et l'ordre est venu d'arrêter et de visiter tout le monde.

GRÉGOIRE *à voix basse.*

Me voici dans la nasse. (*Haut.*) Mais qui cherchent-ils? qui s'est enfui de Moscou?

L'HÔTESSE.

Dieu seul le sait. Est-ce un voleur? est-ce

un brigand? Le fait est qu'aujourd'hui les honnêtes gens eux-mêmes ne peuvent plus passer. Mais que gagneront-ils à cela? Rien du tout, pas seulement un diable chauve. Comme s'il n'y avait, pour aller en Lithuanie, d'autre chemin que la grande route? D'ici, par exemple, tu n'as qu'à prendre à gauche, et suivre le sentier de la forêt jusqu'à la chapelle qui est sur le ruisseau; puis, traverse le marais tout droit jusqu'à Klopino, et là, le premier garçon venu te mènera aux montagnes de Louïeff. Ces gardiens ne seront bons qu'à faire des niches à tous les passants et à nous piller, nous autres pauvres gens du pays. Qu'est-ce? (*On entend du bruit.*) Ah! ce sont eux, les maudits; ils viennent faire leur ronde.

GRÉGOIRE.

Hôtesse, n'as-tu pas un autre coin dans ton auberge?

L'HÔTESSE.

Hélas! non, mon père. Je ne manquerais pas de m'y cacher moi-même. Ce n'est que pour le semblant qu'ils font cette ronde; mais il faut leur donner de l'eau-de-vie, et du pain, et je ne sais quoi. Puissent-ils crever comme des chiens, les réprouvés! Puissent-ils.... (*Entrent deux gardiens.*) Soyez les bienvenus, très-chers visiteurs. Faites-nous la grâce d'entrer.

UN GARDIEN *bas à l'autre.*

On fait la noce ici; il y aura de quoi se chauffer les pattes. (*Aux moines.*) Quels gens êtes-vous?

VARLAAM.

Nous sommes des vieillards de Dieu, d'humbles cénobites. Nous allons de village en village, et nous ramassons des aumônes chrétiennes pour le monastère.

LE PREMIER GARDIEN *à Grégoire.*

Et toi?

MISSAÏL.

Notre camarade.

GRÉGOIRE.

Un laïque de la ville voisine. J'ai reconduit ces vieillards jusqu'à la frontière, et je retourne chez moi.

MISSAÏL *à Grégoire.*

Tu as donc changé d'idée?

GRÉGOIRE *à voix basse.*

Tais-toi.

LE PREMIER GARDIEN.

Hôtesse, apporte encore de l'eau-de-vie. Nous allons boire et causer un peu avec ces bons vieillards.

LE SECOND GARDIEN.

Le compagnon paraît nu; il n'y a rien à lui prendre. Mais les autres....

LE PREMIER GARDIEN.

Silence! nous allons les entreprendre sur-le-champ. (*Haut.*) Eh bien, mes pères, comment vont vos petites affaires?

VARLAAM.

Mal, fils, mal. Les chrétiens sont devenus bien avares. Ils aiment l'argent, ils cachent l'argent; ils ne donnent guère à Dieu. Un grand péché est venu sur les races de la terre[1]. Tous les hommes se sont jetés dans le négoce, dans la spéculation. Ils ne pensent qu'aux richesses de la terre, et non au salut de l'âme. On va, on va; on prie, on prie, et souvent, en trois jours, on n'arrache pas trois kopeks.

---

1. Cette phrase est prise du vieux slavon, la langue religieuse.

Quel péché! Une semaine passe, une autre; on regarde dans sa bourse; il s'y trouve si peu, si peu, qu'on a honte de se montrer au couvent avec cette misère. Que faire alors? De chagrin on boit le fond du sac. Un vrai malheur enfin. Oh! ça va mal; sans doute les derniers temps sont venus.

L'HÔTESSE *pleurant.*

Que Dieu nous garde et nous assiste! (*Pendant toute la tirade de Varlaam, le premier gardien n'a cessé de regarder fixement Missaïl.*)

LE PREMIER GARDIEN *à l'autre.*

Alokha[1], as-tu l'oukase du tzar?

LE SECOND GARDIEN.

Je l'ai.

LE PREMIER GARDIEN.

Donne un peu.

MISSAÏL.

Qu'as-tu donc à me regarder ainsi?

LE PREMIER GARDIEN.

Voici pourquoi. Un certain chétif hérétique, Grégoire Otrépieff, s'est enfui de Moskou. En as-tu entendu parler?

---

1. Diminutif d'Alexis.

MISSAÏL.

Non.

LE PREMIER GARDIEN.

Tu n'as pas entendu? C'est bien. Et le tzar a ordonné de prendre ce fugitif et de le pendre. Sais-tu cela?

MISSAÏL.

Je ne sais rien.

LE PREMIER GARDIEN *à Varlaam*.

Sais-tu lire?

VARLAAM.

Je l'ai su dans ma jeunesse, mais je l'ai oublié.

LE PREMIER GARDIEN *à Missaïl*.

Et toi?

MISSAÏL.

Dieu ne m'a pas donné cette sagesse.

LE PREMIER GARDIEN.

Alors, prends l'oukase du tzar.

MISSAÏL.

A quoi bon?

LE PREMIER GARDIEN.

Parce qu'il me revient que cet hérétique fugitif, ce coquin, ce voleur, c'est toi.

MISSAÏL.

Comment, moi! Que dis-tu?

LE PREMIER GARDIEN.

Arrêtez! qu'on ferme les portes. Nous allons tout tirer au clair.

L'HÔTESSE.

Ah! les damnés tourmenteurs, sans pitié, sans entrailles! Ils ne laissent pas même en repos un pauvre homme de Dieu.

LE PREMIER GARDIEN.

Qui sait lire ici?

GRÉGOIRE *s'avançant.*

Je sais lire.

LE PREMIER GARDIEN.

Tiens! qui a pu t'apprendre....

GRÉGOIRE.

Notre sonneur de cloches.

LE PREMIER GARDIEN *lui tendant l'oukase.*

Lis à haute voix.

GRÉGOIRE *lisant.*

« L'indigne moine du monastère de Tchoudovo, Grégoire, de la famille d'Otrépieff, étant tombé en hérésie, a osé, poussé par le diable.

troubler la sainte communauté par toutes sortes d'énormités et de scandales. Et, d'après l'enquête, il appert que ce réprouvé Grichka[1] s'est enfui vers la frontière lithuanienne.... »

LE PREMIER GARDIEN *à Missaïl.*

Et tu dis que ce n'est pas toi?

GRÉGOIRE *continuant.*

« Et le tzar a ordonné de le prendre.... »

LE PREMIER GARDIEN.

Et de le pendre.

GRÉGOIRE.

Il n'est pas dit de le pendre.

LE PREMIER GARDIEN.

Tu radotes. On ne met pas chaque mot dans la ligne. Lis prendre et pendre.

GRÉGOIRE.

« Et pendre. Ce voleur Grichka est âgé (*il regarde Varlaam*) de plus de cinquante ans. Il est de taille moyenne; il a le front chauve, la barbe grise, le ventre gros. » (*Tous regardent Varlaam.*)

---

1. Diminutif de Grégoire.

LE PREMIER GARDIEN.

Enfants, voilà Grichka. Prenez-le, liez-le. Quelle rencontre inattendue!

VARLAAM *arrachant le papier des mains de Grégoire.*

Laissez-moi tranquille, vauriens. Quel Grichka suis-je? Comment! cinquante ans, barbe grise, ventre gros! Non, frère, tu es encore trop jeune pour te moquer ainsi de moi. Il y a longtemps que je n'ai lu, et je déchiffre mal; mais je déchiffrerai bien, maintenant qu'il s'agit de la corde. (*Il lit en épelant.*) « Et il est âgé de vingt ans.... » Où y a-t-il ici cinquante? Tu vois bien, vingt.

LE SECOND GARDIEN.

Oui, je m'en souviens aussi; c'est vingt, c'est vingt qu'on nous a dit.

LE PREMIER GARDIEN *à Grégoire.*

Tu es un plaisant à ce qu'il paraît?

VARLAAM *continuant.* — *Pendant la lecture, Grégoire se tient la tête baissée et la main dans sa poitrine.*

« Et de taille il est petit, a la poitrine large, un bras plus court que l'autre, les yeux bleus, les cheveux roux, une verrue sur la joue, une autre sur le front.... » (*A Grégoire.*) Mais ne serait-ce pas toi-même, par hasard, mon petit ami? (*Grégoire tire un poignard de son sein, s'ouvre passage et saute par la fenêtre.*)

LES DEUX GARDIENS.

Arrête, arrête! (*Tous courent en désordre.*)

(En vers.)

Moscou. — La maison du prince Chouïski. — Un souper.

CHOUISKI ET PLUSIEURS CONVIVES.

CHOUÏSKI.

Du vin encore! (*Il se lève; tous l'imitent.*) Allons, chers convives, la dernière coupe. — Lis la prière, garçon.

UN JEUNE GARÇON.

« Roi des cieux, partout présent, écoute la supplication de tes esclaves. Nous prions pour notre pieux tzar, le maître absolu de tous les chrétiens. Garde-le dans son palais, dans les batailles, dans les voyages et sur son lit de repos; envoie-lui la victoire sur l'ennemi, et qu'il soit glorifié de la mer à la mer; que sa famille fleurisse de santé et que ses branches précieuses couvrent toute la terre habitée, et qu'il soit, comme par le passé, plein de longanimité et de grâces pour nous, ses serviteurs. En levant vers toi la coupe du tzar, nous t'en supplions, tzar du ciel. »

CHOUÏSKI *buvant.*

Vive notre grand tzar ! — Maintenant, adieu, chers convives; je vous remercie de n'avoir pas méprisé mon pain et mon sel. Adieu, bonne nuit. (*Il reconduit ses convives jusqu'à la porte. Un seul d'entre eux reste, Pouchkine.*)

POUCHKINE.

Enfin les voilà partis. J'ai craint, prince Vasili Ivanitch, que nous n'eussions pas le temps de causer ensemble.

CHOUÏSKI *à ses domestiques.*

Qu'avez-vous à rester bouche ouverte ? Vous n'avez d'autre souci que d'espionner vos maîtres. Levez la nappe et partez. — Qu'y a-t-il, Athanase Michaëlitch?

POUCHKINE.

De vrais miracles. Mon neveu, Gabriel Pouchkine, vient de m'envoyer un message de Cracovie.

CHOUÏSKI.

Eh bien ?

POUCHKINE.

Il me mande une étrange nouvelle. Le fils du Terrible.... mais attends. (*Il va à la porte, regarde de tous côtés et la ferme.*) Le royal enfant tué par ordre de Boris....

CHOUÏSKI.

Cela n'est pas nouveau.

POUCHKINE.

Attends donc.... Dmitri est vivant.

CHOUÏSKI.

En vérité ! quelle nouvelle ! Le tzarévitch vivant ! rien que cela ? C'est vraiment merveilleux.

POUCHKINE.

Écoute jusqu'au bout. Quel qu'il soit, le tzarévitch sauvé, ou je ne sais quel esprit portant son image, ou bien un hardi coquin, un imposteur, se donnant sa mission à défaut de Dieu[1].... Le fait est qu'un Dmitri a paru dans ces contrées.

---

1. *Samozvanetz*, « s'appelant lui-même, » titre donné au premier faux Démétrius.

CHOUÏSKI.

C'est impossible.

POUCHKINE.

Mon neveu lui-même l'a vu lorsqu'il s'est présenté au palais, et qu'il a traversé les rangs des seigneurs polonais pour se rendre à une audience secrète du roi.

CHOUÏSKI.

Qui est-il, d'où vient-il?

POUCHKINE.

On l'ignore. Tout ce qui se sait de lui, c'est qu'il a été domestique chez Vichnévetski; qu'étant malade, il s'est révélé à son confesseur, et que l'orgueilleux seigneur ayant appris ce secret, l'a soigné, l'a guéri, et l'a conduit auprès de Sigismond.

CHOUÏSKI.

Mais que dit-on de cet audacieux?

POUCHKINE.

Qu'il est spirituel, adroit, aimable, qu'il plaît à tout le monde. Il a séduit nos exilés; les prêtres latins sont de connivence avec lui; le roi le caresse, et lui a promis, dit-on, des secours.

CHOUÏSKI.

Tout ceci, frère, forme une telle confusion, que la tête en tourne. Il n'est pas à douter que ce ne soit un imposteur; mais le danger est grand. C'est une nouvelle grave, et si elle parvient jusqu'au peuple, elle soulèvera une terrible tempête.

POUCHKINE.

Une telle tempête, que le tzar Boris aura grand'peine à retenir sa couronne sur sa tête intelligente; et ce sera bien fait. Il nous gouverne comme le tzar Ivan le.... Ce n'est pas un nom à prononcer la nuit. Quel avantage y a-t-il à ce que les supplices restent secrets, à ce que nous ne chantions pas devant tout le peuple, sur la terre arrosée de notre sang, des cantiques à Jésus, à ce qu'on ne nous brûle pas en place publique, tandis que le tzar, du bout de son bâton, pousserait les charbons sous nos corps? En sommes-nous plus assurés de notre pauvre existence? Chaque jour la disgrâce nous attend, le cachot, la Sibérie, le capuchon de moine.... Et puis là, dans le sourd exil, la mort par la faim ou par le lacet.

Que sont devenues nos plus nobles familles? Où sont les Sitski, les Chestounoff, les Romanoff, l'espoir de la patrie? Tous emprisonnés ou tourmentés jusqu'à la mort dans l'exil. Attends un peu; le même sort va te frapper. Est-il tolérable que nous soyons, dans nos propres demeures, assiégés par nos infidèles esclaves comme par les Polonais? Tous des espions prêts à nous vendre, achetés par le pouvoir. Nous dépendons tous du premier serf que nous osons punir. Il vient d'imaginer l'abolition du *jour de la Saint-Georges*[1]; nous ne sommes plus les maîtres dans nos propres biens; nous ne pouvons plus chasser un fainéant, il faut le nourrir. On n'ose plus attirer

---

1. A ce jour de la Saint-Georges (18 septembre), qui s'appelait *Yourieff-Dien*, tous les paysans avaient droit de changer de pays et de maîtres. C'était un puissant correctif à la servitude : il obligeait les seigneurs à bien traiter leurs serfs sous peine de les perdre; il rendait les injustices et les violences, sinon impossibles, au moins peu durables; il laissait une sorte de libre arbitre dans l'esclavage, et les seigneurs devaient, par intérêt et calcul, offrir à leurs paysans protection, sécurité et bien être. En abolissant le privilége de l'*Yourieff-Dien*, par un oukase du 21 novembre 1601, Boris Godounoff attacha définitivement les serfs à la glèbe, eux et leur postérité.

à soi un bon ouvrier, ou bien, marchez au tribunal des serfs. A-t-on jamais vu pareille calamité, même sous le Terrible? Et crois-tu que le sort du peuple en soit allégé? Demande, questionne. Si le *Samozvanetz* s'avise de promettre au peuple qu'il lui rendra le *jour de la Saint-Georges*, tu verras comme tout va se mettre en branle.

CHOUÏSKI.

C'est vrai, Pouchkine; mais, sais-tu, il vaut mieux se taire sur tout cela jusqu'au moment favorable.

POUCHKINE.

Cela s'entend.... Tu es un homme d'esprit, j'aime à causer avec toi, et si quelque chose m'inquiète, je ne puis me défendre de t'en parler. D'ailleurs, ce soir, ta bière de velours et ton hydromel m'ont délié la langue. Adieu, prince.

CHOUÏSKI.

Adieu, frère, au revoir. (*Il le reconduit.*)

(En vers.)

Salle dans le palais du tzar.

Le tzarévitch FÉODOR *dessinant une carte de géographie*, la tzarevna XÉNIA *et* SA NOURRICE.

XÉNIA *baisant un portrait.*

Mon doux fiancé, mon beau fils de roi, ce n'est pas à moi que tu as été donné, à moi ta fiancée, mais au sombre tombeau dans une terre étrangère. Je ne me consolerai jamais, je pleurerai toujours.

LA NOURRICE.

Eh, tzarevna, les pleurs de la jeune fille sont comme la rosée qui tombe : le soleil se lève et sèche la rosée. Tu auras un autre fiancé, non moins beau, non moins avenant; tu l'aimeras, mon enfant bien-aimée; tu oublieras Ivan, le fils de roi.

XÉNIA.

Non, nourrice, je serai fidèle au mort.

BORIS *entrant*.

Eh bien, Xénia, ma chère enfant, déjà fiancée et veuve à la fois, tu pleures encore ton fiancé défunt. Je n'ai pas pu te faire heureuse; c'est moi peut-être qui ai irrité le Ciel. Pourquoi souffres-tu, innocente? — Et toi, mon fils, que fais-tu là?

FÉODOR.

C'est le tracé de la Moscovie; c'est notre empire d'un bout à l'autre. Regarde : voilà Moscou, ici Novgorod, là Astrakan; voici la mer, voici les sombres forêts de Perm, et là, c'est la Sibérie.

BORIS.

Qu'est-ce que cela, qui serpente comme un dessin d'étoffe.

FÉODOR.

C'est le Volga.

BORIS.

Que c'est beau!... Voilà le doux fruit de la

science. Tu peux, comme du haut des nuages, embrasser d'un regard tout notre empire, les frontières, les villes et les fleuves. Étudie, mon fils, la science nous abrége les épreuves de la vie fugitive. Un jour, bientôt peut-être, toutes ces provinces que tu viens de retracer artistement sur ce papier, tu les auras sous ta main. Étudie, mon fils, tu comprendras plus clairement la tâche de régner. (*Entre Siméon Godounoff.*) Voici Godounoff qui m'apporte son rapport. (*A Xénia.*) Ma chère âme, rentre dans ta chambre, que Dieu te console! (*Xénia sort avec la nourrice.*) Que me diras-tu, Siméon Nikititch?

SIMÉON GODOUNOFF.

Aujourd'hui, au point du jour, le maître d'hôtel du prince Chouïski et un valet de Pouchkine sont venus avec une délation.

BORIS.

Sur quoi?

SIMÉON GODOUNOFF.

Le valet de Pouchkine a déclaré le premier que, la veille au matin, il était arrivé à son maître un courrier de Cracovie, et qu'on l'avait renvoyé une heure après sans lettres.

BORIS.

Qu'on arrête le courrier.

SIMÉON GODOUNOFF.

J'ai déjà envoyé à sa poursuite.

BORIS.

Et de Chouïski, quoi ?

SIMÉON GODOUNOFF.

Hier soir, il a donné un souper à ses amis, aux deux Miloslaski, aux Boutourline, à Pouchkine ; ils se sont séparés tard. Pouchkine est resté seul avec le maître de la maison, ils ont longtemps causé en tête-à-tête.

BORIS.

Qu'on fasse venir Chouïski sur-le-champ.

SIMÉON GODOUNOFF.

Tzar, il est ici déjà.

BORIS.

Qu'il entre. (*Siméon Godounoff sort.*) Des rapports avec la Pologne! qu'est-ce que cela signifie ? Je déteste la race turbulente des Pouchkine, et il ne faut pas se fier à Chouïski. Il est souple, mais hardi et perfide. (*Entre Chouïski.*)

Je désirais te parler, prince; mais il paraît que tu es venu de toi-même pour une affaire, et je veux d'abord t'entendre.

CHOUÏSKI.

Tzar, mon devoir est de t'annoncer une nouvelle importante.

BORIS.

J'écoute.

CHOUÏSKI, *à voix basse, désignant Féodor.*
Mais, Tzar....

BORIS.

Le tzarévitch peut savoir tout ce que fait Chouïski.

CHOUÏSKI.

Tzar, il nous est venu une nouvelle de la Pologne.

BORIS.

N'est-ce pas celle qu'un courrier a, hier, apportée à Pouchkine?

CHOUÏSKI *à part.*

Il sait tout. (*Haut.*) Je croyais que tu ignorais encore ce secret.

BORIS.

Que cela ne t'embarrasse point, prince. Je

veux comparer les récits; autrement, nous ne saurons pas la vérité.

CHOUÏSKI.

Tout ce que je sais, c'est qu'un imposteur a paru à Cracovie; que le roi et les seigneurs se sont déclarés pour lui.

BORIS.

Et qui est cet imposteur?

CHOUÏSKI.

Je l'ignore.

BORIS.

Mais en quoi est-il dangereux?

CHOUÏSKI.

Certainement, tzar, ton pouvoir est fort. Par tes faveurs, ta générosité, tes labeurs royaux, tu as fait des cœurs de tes esclaves des cœurs de fils. Mais, tu le sais toi-même, la foule insensée est changeante, turbulente, superstitieuse; elle s'abandonne facilement aux vains espoirs, elle n'obéit qu'aux inspirations du moment, elle est sourde et indifférente à la vérité, et ne se repaît que de fables. L'audace insolente a le don de lui plaire, tellement que si ce vagabond inconnu traverse la frontière de la Pologne, une foule d'insensés seront attirés près de lui par le nom ressuscité de Dmitri.

BORIS.

Dmitri! Comment.... de cet enfant?... Dmitri! — Tzarévitch, éloigne-toi.

CHOUÏSKI *à part.*

Il a rougi, voici la tempête!

FÉODOR.

Tzar, me permettras-tu?...

BORIS.

Impossible, mon fils, sors. (*Féodor s'éloigne.*) — Dmitri!

CHOUÏSKI *à voix basse.*

Il ne savait rien.

BORIS.

Écoute, prince : qu'on prenne sur-le-champ les mesures les plus sévères! que la frontière se couvre de barrières entre la Lithuanie et la Russie! qu'âme qui vive ne traverse cette ligne! qu'un lièvre même ne puisse venir de Pologne! qu'un corbeau ne puisse arriver de Cracovie! va.... (*Chouïski veut sortir.*) Attends. N'est-ce pas que cette fable est bien ingénieuse?

As-tu jamais ouï dire que des morts sortent de leurs tombeaux pour demander compte à des tzars légitimes, désignés, choisis par le peuple, couronnés par le très-saint patriarche? C'est risible, n'est-ce pas? Tu ne ris point?

CHOUÏSKI.

Moi, tzar?

BORIS.

Écoute, prince.... Quand j'ai appris que sur cet enfant.... que cet enfant avait, je ne sais comment, perdu la vie, je t'ai, tu le sais bien, envoyé faire l'enquête. Maintenant, je t'adjure par la sainte croix de Dieu, déclare-moi en conscience la vérité : As-tu reconnu l'enfant.... tué? N'y a-t-il pas eu substitution de personnes? Réponds.

CHOUÏSKI.

Je te jure....

BORIS.

Non, Chouïski, ne jurons point; mais réponds-moi : Était-ce le tzarévitch?

CHOUÏSKI.

C'était lui.

BORIS.

Penses-y, prince.... Je te gracie d'avance.

Je ne frapperai pas d'une disgrâce tardive un mensonge fait dans le passé; mais si tu t'avises de ruser aujourd'hui avec moi, je te le jure par la tête de mon fils, un supplice terrible te frappera, un tel supplice que le tzar Ivan lui-même en frémira d'horreur dans son tombeau.

CHOUÏSKI.

Je ne crains pas le supplice, je crains ta disgrâce. Oserais-je ruser avec toi? Aurais-je pu me tromper assez grossièrement pour ne pas reconnaître Dmitri? Pendant trois jours, accompagné de tous les habitants d'Ouglitch, j'ai visité son corps exposé à l'église. Treize cadavres étaient couchés autour du sien, de gens que le peuple avait déchirés, et la décomposition s'y voyait clairement, tandis que le visage enfantin du tzarévitch restait serein, calme et frais, comme s'il eût dormi. La profonde blessure ne noircissait pas, et les traits de son visage, je le répète, n'étaient pas du tout altérés. Non, tzar, il n'y a nul doute possible : Dmitri dort dans son tombeau.

BORIS.

C'est assez; éloigne-toi. (*Chouïski sort.*) Oh!

que c'était lourd!... Attendons, que je reprenne haleine. J'ai senti tout mon sang se jeter au visage et redescendre lentement. Voilà donc pourquoi, depuis treize ans, je vois en songe un enfant assassiné! Oui, oui, c'est cela, je comprends maintenant. Qui donc est-il, ce terrible ennemi? Qui vient m'attaquer, un vain nom, une ombre? Une ombre viendra-t-elle arracher de mes épaules le manteau de la royauté? Un nom privera-t-il mes enfants de leur héritage? Je suis un fou. De quoi ai-je peur? Je n'aurai qu'à souffler sur ce spectre, il disparaîtra. Oui, c'est décidé, je ne mourrai pas de crainte. Mais il ne faut rien négliger.... Oh! que tu es lourd à porter, bonnet de monomaque!

(En vers.)

Cracovie. — Maison de Vichnévetski.

GRÉGOIRE OTRÉPIEFF, *devenu* DMITRI, *et* UN PÈRE JÉSUITE.

DMITRI.

Non, mon père, il n'y aura pas de difficulté sérieuse. Je connais l'esprit de mon peuple; sa piété n'est pas fanatique, et l'exemple de son tzar lui est sacré. D'ailleurs, la tolérance est toujours indifférente. Je puis me porter garant qu'avant deux années tout mon peuple et toute l'Église orientale reconnaîtront l'autorité du successeur de Pierre.

LE JÉSUITE.

Que saint Ignace vous protége, alors que viendront ces temps fortunés! Mais jusque-là, cachez, tzarévitch, dans votre âme, les semences de la grâce divine. Un devoir plus élevé que le devoir terrestre nous ordonne quelquefois de feindre devant le monde impur. Les hommes jugent vos actions et vos paroles; mais Dieu seul connaît et voit vos intentions.

DMITRI.

Amen ! — Holà !... (*Entre un valet.*) Annonce que nous recevons. (*Les portes s'ouvrent; entrent une foule de Russes et de Polonais.*) Compagnons, nous quittons demain Cracovie. Mnichek, je m'arrêterai trois jours chez toi, à Sambor; je sais que ton château hospitalier étale un noble faste, et qu'il est célèbre par sa jeune châtelaine; j'espère y voir Marina. Et vous, mes amis, Polonais et Russes, vous qui avez levé vos étendards fraternels contre l'ennemi commun, contre mon traître persécuteur, ô fils des Slaves, je mènerai bientôt vos terribles bataillons aux combats désirés; mais, parmi vous, j'aperçois de nouveaux visages.

GABRIEL POUCHKINE.

Ces nouveaux venus demandent à ta grâce une épée et du service.

DMITRI.

Je suis heureux de vous voir, enfants. Venez à moi, amis. Mais dis-moi, Pouchkine, qui est ce beau jeune homme?

GABRIEL POUCHKINE.

Le prince Kourbski[1].

DMITRI.

C'est un nom retentissant. Es-tu de la famille du héros de Kazan?

KOURBSKI.

Je suis son fils.

DMITRI.

Est-il encore vivant?

KOURBSKI.

Non, il est mort.

DMITRI.

C'était un grand esprit, un homme pour la bataille et le conseil. Mais depuis le temps où, vengeur implacable de ses offenses, il a paru, avec les Lithuaniens, sous les murs de l'anti-

---

1. Fils de l'un des principaux personnages du règne d'Ivan le Terrible. Après avoir pris Kazan, il fut disgracié et mourut en exil.

que ville d'Olga[1], la renommée s'est tue sur son nom.

KOURBSKI.

Mon père a passé le reste de ses jours en Volhynie, dans les biens qu'Étienne Bathori lui avait donnés. Retiré, solitaire, c'est dans les sciences qu'il cherchait ses consolations, mais en vain; il se rappelait toujours la patrie de sa jeunesse, et il l'a regrettée jusqu'à la mort.

DMITRI.

Chef malheureux, quel éclair a jeté le lever de sa vie orageuse et bruyante! Je suis ravi, noble chevalier, que son sang se réconcilie avec la patrie. Ne nous rappelons pas les fautes des pères; que la paix soit sur leurs tombeaux. Approche, Kourbski : ta main. — N'est-ce pas étrange? Le fils de Kourbski mène au trône.... qui? Oui, le fils d'Ivan. Tout est pour moi, les hommes et le destin. (*A un autre.*) Toi, qui es-tu?

UN POLONAIS.

Sobanski, gentilhomme libre.

---

1. Pskoff, ville fondée par Olga, grand'mère de saint Wladimir, et qu'on peut nommer la Clotilde des Russes.

DMITRI.

Louange et honneur à toi, fils de la liberté. Qu'on lui avance sur-le-champ le tiers de sa solde. — Qui sont ceux-là? Je reconnais sur eux le costume de la terre natale; ce sont des nôtres?

LE RUSSE KROUSTCHOFF. *Il frappe la terre du front.*

Oui, tzar, noble père, nous sommes tes fidèles esclaves persécutés. Disgraciés par Boris, nous avons fui Moscou pour venir à toi, notre tzar, et nous sommes prêts à perdre nos têtes, pourvu que nos cadavres deviennent les marches de ton trône impérial.

DMITRI.

Ayez courage, innocents qui souffrez. Laissez seulement que j'arrive à Moscou, et Boris payera pour tous. (*A un autre.*) Qui es-tu, toi?

KARÉLA.

Un Cosaque.... Je te suis envoyé du Don, de la part de nos libres armées, de nos braves Atamans, enfin des Cosaques du haut et du bas[1],

---

1. Du fleuve.

pour voir tes clairs yeux de tzar et pour te faire le salut de toutes leurs têtes.

DMITRI.

Je connais les Cosaques du Don; jamais je n'ai douté que je verrais leurs drapeaux dans mes rangs. Nous remercions notre armée du Don. Il nous est connu que maintenant les Cosaques sont injustement persécutés; mais si Dieu nous aide à monter sur le trône de nos pères, notre protection rendra ses anciens droits à notre Don fidèle et libre.

UN POËTE. *Il s'approche, salue très-bas, et touche le pan du manteau de Dmitri.*

O grand prince! illustrissime fils de roi!

DMITRI.

Que désires-tu?

LE POËTE *lui présentant un rouleau de papier.*

Accepte gracieusement ce pauvre fruit du travail d'un cœur dévoué.

DMITRI.

Quoi! des vers latins! Cent fois sacrée est l'alliance de l'épée et de la lyre; le même laurier les enveloppe amicalement. Je suis né sous le ciel de minuit[1] ; mais la voix de la muse latine ne m'est pas inconnue, et j'aime les fleurs du Parnasse. (*Il se met à lire.*)

KROUSTCHOFF *bas à Pouchkine.*

Qui est celui-là ?

GABRIEL POUCHKINE.

Un poëte.

KROUSTCHOFF.

Quel est cet emploi ?

GABRIEL POUCHKINE.

Comment te le dire en russe ? Un arrangeur de mots, un baladin.

DMITRI.

Très-beaux vers ! Je crois aux prophéties des poëtes. Non, ce n'est pas en vain que l'enthousiasme bouillonne dans leur poitrine. Bénie est l'entreprise qu'ils ont célébrée d'avance. Approche, ami. En souvenir de moi, accepte ce don. (*Il lui donne une bague.*) Quand l'ordre du destin s'accomplira, quand je ceindrai la couronne de mes ancêtres, j'es-

---

1. Le nord, l'opposé du midi.

père entendre de nouveau tes hymnes inspirés :

Musa gloriam coronat, gloriaque musam.

Donc, amis, au revoir.

TOUS.

A la guerre ! à la guerre !... Vive Dmitri ! Vive le grand-duc de Moscovie !

(En petits vers rimés.)

Le château du voïvode Mnichek à Sambor. — Le boudoir de Marina.

MARINA, ROUSIA, sa camériste, et des servantes.

MARINA, *devant un miroir, à Rousia.*
Est-ce fini ? Ne pourrais-tu te hâter ?

ROUSIA.
Permettez ; il faut d'abord faire un choix. Que mettrez-vous, la torsade de perles ou le croissant d'émeraudes ?

MARINA.
Ma couronne de diamants.

ROUSIA.
Parfait. Vous rappelez-vous l'avoir mise quand vous avez paru au palais du roi ? Vous

brillâtes au bal comme un soleil. Les hommes s'exclamaient, les femmes chuchotaient. C'est alors que vous vit pour la première fois le jeune Khotkévitch, qui, plus tard, s'est tué par amour. Il ne faut que vous voir pour être épris.

MARINA.

Voyons, un peu plus vite.

ROUSIA.

A l'instant. Aujourd'hui votre père compte sur vous. Le tzarévitch vous a vue, et n'a pu cacher ses transports. Il est déjà blessé; achevez-le d'un coup décisif. Ah! oui, il est amoureux, car depuis un mois qu'il a quitté Cracovie, oubliant la guerre et le trône de Moscovie, il passe son temps ici, dans des fêtes, au désespoir des Polonais et des Russes. Ah! Dieu! quand verrai-je ce beau jour! Lorsque Dmitri emmènera sa tzarine dans sa capitale, vous ne m'oublierez pas?

MARINA.

Tu crois donc que je serai tzarine?

ROUSIA.

Qui donc, si ce n'est vous? Qui ose ici lutter de beauté avec ma maîtresse ? La race des Mnichek ne le cède à nulle autre, et votre esprit est au-dessus des louanges. Heureux celui que daigne distinguer votre regard, qui sait mériter votre tendresse ! Heureux, quel qu'il soit, fût-ce notre roi, fût-ce le fils du roi de France, et non pas seulement ce mendiant de tzarévitch, venu Dieu sait d'où, et qui est Dieu sait quoi.

MARINA.

C'est un vrai fils de tzar, reconnu du monde entier.

ROUSIA.

Pourtant, l'hiver passé, il servait chez Vichnévetski.

MARINA.

Il se cachait.

ROUSIA.

Je ne dis pas non, moi. Mais savez-vous ce qu'on dit de lui dans le peuple? Que c'est un simple sous-diacre, échappé de Moscou.

MARINA.

Quelle folie !

ROUSIA.

Oh ! je n'en crois pas un mot. Je dis seulement qu'il doit bénir son sort, puisque votre cœur l'a préféré.

UNE SERVANTE *qui entre en courant.*

Tous les convives sont réunis.

MARINA.

Vois-tu, tu ne penses qu'à babiller, et je ne suis pas encore habillée.

ROUSIA.

A l'instant, c'est fini. (*Les femmes s'empressent autour de Marina.*)

MARINA *à part.*

Il faut que je sache à quoi m'en tenir.

(En vers.)

Une suite d'appartements éclairés. — De la musique.

VICHNÉVETSKI, MNICHEK et CONVIVES.

MNICHEK *à* VICHNÉVETSKI.

Il ne parle qu'à Marina, il n'est occupé que de Marina. Eh, eh! l'affaire tourne diablement à la noce. Aurais-tu jamais pensé, Vichnévetski, que ma fille deviendrait une tzarine?

VICHNÉVETSKI.

Oui, c'est miraculeux. Mais aurais-tu pensé, Mnichek, que mon valet de chambre irait s'asseoir sur le trône de Moscovie?

MNICHEK.

Que penses-tu de ma Marina?... Il m'a suffi de lui dire : « Tiens toi bien, ne laisse pas échapper Dmitri; » et le voilà dans ses filets. (*La mu-*

sique joue une polonaise. — Dmitri passe avec Marina, formant le premier couple des danseurs.)

MARINA *à voix basse.*

Oui, demain soir, à onze heures, je serai près du jet d'eau, dans l'allée des tilleuls. (*Ils passent. — Entre un autre couple.*)

LE DANSEUR.

Qu'est-ce donc qui le séduit en elle ?

LA DAME.

Comment ! c'est une beauté.

LE DANSEUR.

Oui, une nymphe de marbre : la bouche sans sourire et les yeux sans vie. (*Ils passent. — Un autre couple.*)

LA DAME.

Il n'est pas beau, mais son aspect est agréable. On reconnaît sur-le-champ le sang royal. (*Ils passent. — Un autre couple.*)

LA DAME.

Quand vous mettez-vous en campagne ?

LE DANSEUR.

Dès que le tzarévitch l'ordonnera ; nous sommes prêts ; mais la Panna Mnichek nous retient ici prisonniers avec Dmitri.

LA DAME.

Agréable prison.

LE DANSEUR.

Sans doute, si vous daigniez.... (*Ils passent.* — *Les appartements deviennent vides.*)

MNICHEK.

Nous autres vieillards, nous ne dansons plus aujourd'hui ; le tonnerre de la musique ne nous réveille plus. Nous ne serrons plus, nous ne baisons plus de belles mains. Ah! je n'ai pas oublié les anciennes folies ; mais ce n'est plus comme autrefois : ni la jeunesse n'est si hardie, ni la beauté si accorte. Avoue-le, ami, tout s'est attristé, je ne sais comment. Laissons-les. Nous, camarade, faisons déterrer une bouteille séculaire et couverte de mousse de bon vin de Hongrie, et, assis dans un coin, tête à tête, dégustons son flot parfumé et épais comme l'huile. En même temps, nous deviserons de choses et d'autres. Allons, frère.

VICHNÉVETSKI.

Tu as raison, mon ami; allons. (*Ils sortent.*)

(En vers.)

La nuit. — Un jet d'eau dans un jardin.

DMITRI *seul*.

Voici la place, c'est ici qu'elle viendra. — Je ne suis pas né timide; j'ai vu la mort de près, et mon âme n'a point fléchi devant la mort. Une éternelle réclusion m'a menacé; on m'a serré de près; mais mon esprit ne s'est point troublé, et j'ai échappé à force de hardiesse. Qu'est-ce qui oppresse à présent ma respiration ? Que signifie ce frémissement que je ne puis réprimer ? Serait-il la fièvre des désirs excités ? Non, c'est la peur. Tout le jour je me suis préparé à cette secrète entrevue; j'ai roulé dans ma tête tout ce que je dirais à Marina, comment je pourrais séduire son cœur orgueilleux en la saluant tzarine de Moscou. Mais l'heure est arrivée, et je ne me rappelle rien. Je ne retrouve plus les phrases étudiées. Serait-ce vraiment l'amour qui troublerait ainsi ma raison? Mais.... quelque chose vient de paraître.... Un bruit.... non, c'est la lumière trompeuse de la lune; c'est le vent qui s'est joué!...

MARINA *entrant soudain.*

Tzarévitch!

DMITRI.

C'est elle. Tout mon sang s'est arrêté.

MARINA.

Dmitri, est-ce vous?

DMITRI.

O voix douce et magique! (*Il s'avance vers elle.*) Est-ce toi enfin? Toi que je vois seule avec moi, sous l'ombre de la nuit tranquille? Que le jour ennuyeux a passé lentement! Qu'il s'est lentement éteint! Que j'ai attendu longtemps dans les ténèbres!

MARINA.

L'heure fuit, le temps m'est précieux. Si je vous ai accordé une entrevue ici, ce n'est pas pour écouter les tendres discours d'un amant. Les paroles sont inutiles; je crois que vous m'aimez. Mais écoutez-moi. Depuis que je me suis résolue à unir ma destinée à votre destinée incertaine et orageuse, j'ai le droit, Dmitri, d'exiger que vous me révéliez toutes les espérances secrètes de votre âme, vos projets et jusqu'à vos craintes, afin que je puisse entrer hardiment dans la vie, la main dans votre main, non pas avec l'aveugle docilité d'un enfant, non pas comme une esclave des désirs changeants d'un mari, comme une concubine silencieuse, mais en épouse digne de vous, en associée du tzar de Moscovie.

DMITRI.

Oh! permets, ne fût-ce que pour une heure, que j'oublie les soucis et les dangers de ma destinée. Oublie toi-même que tu es devant un tzarévitch. Marina, vois en moi l'amant que tu as choisi, qui est heureux d'un seul de tes regards. Oh! écoute les supplications de l'amour; laisse-moi te dire ce qui remplit mon cœur.

MARINA.

Ce n'est pas le temps, prince. Vous hésitez,

et cependant le zèle de vos partisans se refroidit. D'heure en heure les dangers deviennent plus dangereux et les difficultés plus difficiles. Déjà circulent des bruits vagues; une autre nouveauté pourrait remplacer celle-ci, et Godounoff prend ses mesures.

DMITRI.

Que me fait Godounoff? Ton amour, mon seul bien, est-il au pouvoir de Godounoff? Non, non. Maintenant je regarde avec indifférence et son trône et la puissance des tzars. Ton amour.... à quoi bon la vie sans lui, et l'éclat de la gloire, et tout l'empire russe? Dans une steppe déserte, dans une misérable hutte, tu me remplaceras la couronne. Ton amour....

MARINA.

Rougis de ces paroles. Tu oublies ta haute, ta sainte vocation. Ton rang te doit être plus cher que toutes les joies, que toutes les séductions de la vie. Tu ne dois le mettre en balance avec rien au monde. Sache que ce n'est pas à un jeune homme ardent et follement épris de ma beauté, c'est à l'héritier du trône de Moscovie que j'accorde ma main, au tzarévitch qu'un miracle a sauvé.

DMITRI.

Ne me donne pas ce tourment, charmante Marina; ne me dis pas que ce n'est pas moi, mais mon rang que tu as choisi. Marina! ah! tu ne sais pas combien tu me déchires ainsi le cœur. Comment! Si..., ô doute affreux! Dis-moi : si l'aveugle destin ne m'avait pas donné du sang de tzar, si je n'étais pas le fils d'Ivan, si je n'étais pas cet adolescent dès longtemps oublié du monde.... tu ne m'aurais donc pas aimé?

MARINA.

Dmitri, vous ne pouvez pas être un autre que vous-même. Je ne puis pas aimer un autre que vous.

DMITRI.

Eh bien, non, c'est assez. Je ne veux point partager avec un mort l'amante qui lui appartient. Assez feindre ainsi. Je te dirai toute la vérité. Écoute : Ton Dmitri est mort depuis longtemps, mort, enterré, et il ne ressuscitera point. Et veux-tu savoir qui je suis? Eh bien, je te le dirai : je suis un pauvre frère lai. Las de la réclusion claustrale, je méditai mon hardi projet sous le capuchon ; je préparai une merveille au monde. Je m'enfuis en Ukraine, dans les turbulentes tribus des Cosaques ; j'appris à manier le cheval et le sabre ; je vins en ce pays, je me nommai Dmitri, et je trompai les Polonais sans cervelle. Que diras-tu maintenant, orgueilleuse Marina? Es-tu satisfaite de mon aveu ?... Tu te tais.

MARINA.

O honte! O malheur!

(*Long silence.*)

DMITRI *bas.*

Où m'a entraîné un élan de dépit involontaire? J'ai peut-être ruiné à jamais un avenir qui m'avait coûté tant de peines à édifier. Insensé, qu'ai-je fait? (*Haut.*) Je le vois bien, tu rougis d'un amour qui n'est pas de roi. Prononce donc le mot fatal. Mon sort est dans tes mains. Décides-en. J'attends. (*Il se jette à genoux.*)

MARINA.

Lève-toi, pauvre imposteur. Imagines-tu me

toucher par cette génuflexion, comme si j'avais le cœur d'une crédule et faible jeune fille? Tu t'es trompé, ami. J'ai vu à mes pieds des chevaliers et des princes, et si j'ai froidement repoussé leurs vœux, ce n'est pas pour qu'un moine fugitif....

DMITRI *se levant*.

Ne méprise pas cet imposteur. En lui peut-être se cachent des vertus qui sont dignes du trône de Moscovie, dignes de ta main....

MARINA.

Dignes de la corde, insolent.

DMITRI.

Oui, je suis coupable. J'ai trompé Dieu et le tzar, j'ai menti au monde. Mais ce n'est pas à toi, Marina, de me punir. Je ne suis pas coupable devant toi, puisque je n'ai pu me résoudre à te tromper. Tu étais le seul sanctuaire devant lequel je n'osais feindre. L'amour aveugle, le seul amour m'a forcé de tout t'avouer.

MARINA.

De quoi te vantes-tu, insensé? Qui te demandait cet aveu? Si tu as pu, obscur vagabond, aveugler merveilleusement deux peuples, tu aurais dû te montrer digne de ta réussite, et consolider ton hardi mensonge par un secret obstiné, profond, éternel. Puis-je, dis-le-moi toi-même, me livrer à toi? Puis-je, oubliant ma race et la pudeur, unir ma destinée à la tienne, quand toi-même tu dévoiles ta honte avec tant de naïveté et d'étourderie?... C'est par amour qu'il a délié sa langue avec moi!... Mais je m'étonne que tu ne te sois pas révélé devant mon père par amitié, ou devant le roi par excès de joie, ou devant le seigneur Vichnévetski par loyauté de fidèle serviteur.

DMITRI.

Je te jure que toi seule as pu forcer cet aveu à jaillir de mon cœur. Je te jure que jamais, nulle part, ni aux festins, tenant en main la folle coupe, ni dans les intimes épanchements de l'amitié, ni sous le couteau, ni dans les tourments du supplice, ma langue ne laissera plus échapper ce formidable secret.

MARINA.

Il jure!... donc je dois croire.... Oh! oui, je te crois. Mais, permets-moi de te le demander, par quoi jures-tu? Est-ce par le saint nom de

Dieu, comme le dévot disciple des jésuites? Ou bien par ton honneur, comme un noble chevalier? Ou bien peut-être encore par ta seule parole de tzar, comme un fils de tzar? Réponds.

DMITRI *fièrement*.

L'ombre du Terrible m'a adopté. C'est elle qui, de son tombeau, m'a nommé Dmitri; qui a remué les peuples autour de moi, qui m'a livré Boris pour victime. Je suis tzarévitch, c'en est assez. J'ai honte de m'abaisser plus longtemps devant une orgueilleuse Polonaise. Adieu pour jamais. Les jeux sanglants de la guerre, les labeurs de ma grande destinée feront taire, j'en ai l'espoir, les angoisses de l'amour.... Oh! combien je te haïrai quand l'ardeur de cette lâche passion sera éteinte. Maintenant je pars. La mort ou la couronne attendent ma tête en Russie. Mais, que je trouve la mort comme un généreux guerrier dans une loyale bataille, ou comme un scélérat sur un échafaud public; ou bien que je m'élève aussi haut qu'homme peut monter, tu ne seras pas ma compagne, tu ne partageras pas mon destin. Et peut-être tu regretteras trop tard le sort que tu viens de repousser.

MARINA.

Mais si je dévoile dès à présent devant tout le monde ton insolente supercherie?...

DMITRI.

Crois-tu donc que je te craigne? Crois-tu que l'on prêtera plus de croyance à une fille polonaise qu'au tzarévitch de Russie? Mais sache que ni le roi, ni le pape, ni tous ces grands seigneurs ne s'inquiètent nullement de la vérité de mes paroles. Que je sois Dmitri ou non, que leur importe? Je leur suis un prétexte de trouble et de guerre; c'est tout ce qu'ils demandent. Et crois-moi : on saura te faire taire, rebelle. Adieu. (*Il veut s'éloigner.*)

MARINA.

Arrêtez, tzarévitch. J'entends enfin la parole, non d'un adolescent, mais d'un homme. Elle me réconcilie avec vous, prince. J'oublie votre transport insensé; je ne vois plus que Dmitri devant moi. Mais écoutez : il est temps; réveillez-vous; n'hésitez plus; hâtez-vous de mener votre armée contre Moscou. Entrez au

Kremlin, asseyez-vous sur le trône. Alors vous m'enverrez chercher par un ambassadeur de noce. Mais, Dieu m'entend, aussi longtemps que votre pied ne se sera pas posé sur les marches du trône, aussi longtemps que Godounoff ne sera pas renversé par vous, je n'écouterai plus un seul mot d'amour. (*Elle sort.*)

DMITRI.

Non, il est plus facile de combattre Godounoff, ou de lutter de ruse avec un jésuite courtisan, que de venir à bout d'une femme. Que le diable soit avec elles! Elles vous entortillent, elles rampent, glissent des mains, sifflent, mordent..., un serpent, un serpent! Ce n'est pas en vain que je tremblais; elle a failli me perdre. C'est décidé; demain je fais marcher l'armée.

Peu de temps après qu'il fut proclamé tzar, Dmitri envoya chercher Marina par des ambassadeurs, l'épousa en grande pompe, la couronna de sa main, ce qui causa un grand scandale, et périt onze jours après ses noces. Restée veuve, Marina se décida plus tard à reconnaître le second faux Démétrius pour son premier mari. Elle en eut un fils qu'elle mit au monde quelques jours après la mort de ce second mari, tué à Kalouga. Elle essaya ensuite de soutenir ses droits au trône à l'aide d'un hetman de cosaques nommé Zaroutski, dont elle fut la maîtresse. A l'avénement du jeune Michel Romanoff (1613), ce Zaroutski fut pris avec elle et son fils sur la mer Caspienne, lorsqu'ils fuyaient en Perse. Zaroutski fut empalé, l'enfant pendu, et Marina condamnée à mourir de faim en prison.

(En vers.)

Frontière de la Lithuanie et de la Russie.
1604, 16 octobre.

DMITRI, LE PRINCE KOURBSKI, *tous deux à cheval. — L'armée s'approche.*

KOURBSKI *arrivant au galop.*

La voilà, la voilà, la frontière de la Russie. Sainte Russie, je suis à toi ! Je secoue avec mépris de mes vêtements la poussière de la terre étrangère. Je bois avidement cet air nouveau ; il m'est parent. Maintenant, ô mon père, ton âme a dû se consoler, et tes os exilés ont dû frémir d'allégresse dans ta tombe. Elle a brillé de rechef notre épée héréditaire, cette glorieuse épée, terreur de la sombre Kasan ; cette bonne épée, servante des tzars de Moscou. Elle se mettra de la partie, elle aussi, dans le festin que va donner notre bien-aimé tzar.

DMITRI *arrivant au pas, la tête baissée.*

Qu'il est heureux ! comme son âme pure s'enivre de gloire et d'enthousiasme ! O mon chevalier, je te porte envie. Fils de Kourbski, élevé dans l'exil, en oubliant les injures de ton père, tu rachètes sa faute, prêt à verser ton sang pour le fils d'Ivan, pour rendre à la patrie son tzar légitime. Tu as raison ; ton âme doit rayonner d'allégresse.

KOURBSKI.

Et toi, ne te réjouis-tu point ?... Voilà notre Russie ; elle est à toi, tzarévitch. Là t'attendent les cœurs de tes sujets, ta Moscou, ton Kremlin, ton empire.

DMITRI.

Le sang russe coulera, ô Kourbski. Vous avez tiré vos épées pour le tzar, vous êtes purs. Tandis que moi.... je vous conduis contre vos frères. J'ai appelé la Pologne pour conquérir la Russie ; je montre à l'ennemi le chemin de la belle Moscou. Que mon péché ne tombe pas sur moi, mais sur toi, Boris, le régicide ! En avant !

KOURBSKI.

En avant ! Et malheur à Godounoff ! (*Ils partent au galop, et les régiments traversent la frontière.*)

(En vers.)

La Douma du tzar à Moscou.

LE TZAR, LE PATRIARCHE et LES BOYARDS.

BORIS.

Le croirez-vous? Un moine défroqué, fugitif, amène contre moi des hordes scélérates, et m'ose écrire des menaces! C'est assez; il est temps d'exterminer l'insensé. Partez, toi Troubetskoï, toi Basmanoff; un secours est nécessaire à nos fidèles vayvodes. Le rebelle a mis le siége devant Tchernigor. Délivrez la ville et ses habitants.

BASMANOFF.

Tzar, avant trois mois d'ici, la renommée elle-même ne parlera plus de l'imposteur. Nous l'amènerons à Moscou dans une cage de fer, comme un animal d'outre-mer. Je te le jure par le nom de Dieu. (*Il sort avec Troubetskoï.*)

BORIS.

Le roi de Suède m'a proposé son alliance par des ambassadeurs. Mais nous n'avons pas besoin d'un secours étranger ; nous avons assez de nos soldats pour repousser les traîtres et les Polonais. — J'ai refusé. — Tchelkaloff, qu'on envoie des oukases aux voïvodes dans toutes les contrées de la Russie, pour qu'ils montent à cheval, et qu'ils appellent les hommes au service, d'après les anciennes coutumes. Qu'on prenne aussi les serfs des monastères. Autrefois, quand un malheur menaçait la patrie, les cénobites eux-mêmes allaient au combat. Mais nous ne voulons pas les inquiéter maintenant ; qu'ils se contentent de prier pour nous. Ceci est l'oukase du tzar avec l'assentiment des boyards[1]. A présent, une grave question reste à décider. Vous savez que cet insolent imposteur a répandu partout des

---

1. Ancienne formule.

bruits perfides. Les lettres qu'il a envoyées partout ont semé le doute et l'inquiétude. Un murmure séditieux erre dans les places publiques. Les esprits sont échauffés; il faut les refroidir. J'aurais voulu éviter les supplices. Mais comment faire? Comment les prévenir? Voilà ce qu'il s'agit de décider. Toi, saint père, donne le premier ton opinion.

LE PATRIARCHE.

Béni soit le Très-Haut qui inspire l'esprit de mansuétude et de patience à ton âme, grand tzar. Tu ne veux pas la mort du pécheur; tu attends avec calme que l'erreur passe. Elle passera comme un nuage, et le soleil de la vérité éternelle luira de nouveau sur nous. Ton fidèle intercesseur auprès de Dieu, juge peu éclairé des choses de ce monde, ose pourtant élever la voix. Le fils du démon, ce défroqué réprouvé, a su se faire passer dans le peuple pour Dmitri. Il s'est insolemment couvert du nom de tzarévitch comme d'une chasuble volée. Il n'y a qu'à la déchirer, et sa nudité le couvrira de honte.

Dieu lui-même nous en offre le moyen.

Sache, tzar, qu'il y a six ans, dans l'année même où Dieu t'a remis le pouvoir souverain, il vint à moi, certain soir, un simple berger, homme de grand âge, qui me confia un secret merveilleux. « Dans mes jeunes années, me dit-il, je devins aveugle, et, jusqu'à ma vieillesse, je n'ai pu distinguer le jour de la nuit. En vain j'eus recours à des simples et aux formules magiques. En vain j'allai prier dans leurs sanctuaires les grands faiseurs de miracles. En vain j'arrosai mes yeux éteints d'eau salutaire puisée aux saintes fontaines. Le Seigneur ne m'envoya point la guérison. Je perdis enfin tout espoir et m'habituai à mes ténèbres. Mes rêves mêmes ne m'offraient plus des choses vues ; je ne rêvais plus que des sons. Un jour, j'étais endormi d'un profond sommeil. J'entends une voix d'enfant ; elle me dit : « Lève-toi, grand-père, va dans
« la ville d'Ouglitch, à l'église de la Transfigu-
« ration. Là, fais une prière sur mon tombeau.
« Dieu est clément, et je te pardonnerai. — Qui
« es-tu ? demandai-je. — Je suis le tzarévitch
« Dmitri. Le roi des cieux m'a admis dans l'es-

« saim de ses anges, et m'a rendu un grand
« faiseur de miracles. Va, vieillard. » Je me
réveillai et je pensai. « En effet, il est pos-
« sible que Dieu veuille me faire la faveur d'une
« tardive guérison. J'irai. » Et je partis pour
ce voyage lointain. Voilà que j'arrive à Ouglitch ; j'entre dans la sainte église ; j'entends
la messe ; mon âme s'embrase d'une sainte
ardeur. Je me mets à pleurer, et ces larmes
étaient douces comme si la cécité m'eût coulé
des yeux avec elles. Quand le peuple sortit, je
dis à mon petit-fils : « Ivan, conduis-moi au
« tombeau du tzarévitch Dmitri. » Et à peine
eus-je récité une secrète prière, que mes yeux
se mirent à voir. J'aperçus et la sainte lumière
de Dieu, et mon petit-fils, et le cher tombeau. » Voilà, tzar, ce que ce vieillard m'a
révélé. (*Émotion générale des assistants. —
Pendant ce récit, Boris s'est plusieurs fois es-
suyé le visage.*) Alors j'ai envoyé exprès à
Ouglitch, et j'ai appris que beaucoup d'autres
malades avaient également trouvé leur guérison devant le tombeau du tzarévitch. Voici
donc mon conseil : faire transporter au Krem-

lin ces saintes reliques, et les déposer dans la cathédrale des Saints-Archanges. Le peuple alors verra clairement le mensonge du scélérat impie, et la puissance des démons sera dispersée comme la poussière. (*Un profond silence.*)

CHOUÏSKI.

Saint père, qui peut connaître les voies du Très-Haut ? Ce n'est pas à moi de les juger. Il peut sans doute donner à des restes d'enfant le don de se conserver intacts et celui de faire des miracles. Mais il faut faire un examen minutieux et impartial de cette nouvelle croyance populaire. Et pouvons-nous penser dignement à une si grande affaire dans des temps aussi agités que les nôtres? Ne dira-t-on pas que d'une chose sacrée nous nous faisons audacieusement des armes pour un objet mondain ? Déjà le peuple s'agite assez : déjà courent assez de bruits étranges. Ce n'est pas le moment de troubler encore l'esprit des hommes par une nouveauté si grave et si inattendue. Je le vois bien moi-même : il est indispensable de détruire le bruit répandu par le défroqué. Mais il est pour cela d'autres moyens plus simples. Ainsi, tzar, si tu daignes le permettre, je me présenterai moi-même sur la place publique; je parlerai à ces insensés; je dévoilerai devant eux le noir mensonge de ce vagabond.

BORIS.

Qu'il en soit ainsi. (*Au patriarche.*) Saint vladica, je te prie de me suivre; ton entretien m'est nécessaire aujourd'hui. (*Il se lève et sort; tous le suivent.*)

UN BOYARD, *bas à un autre.*

As-tu remarqué comme le tzar a pâli, et quelles grosses gouttes de sueur lui tombaient du visage.

L'AUTRE BOYARD.

Je t'avoue que je n'ai pas même osé lever les yeux, ni pousser un soupir.

LE PREMIER.

Le prince Chouïski a tout sauvé. Quelle tête!

(En prose.)

Une plaine près de Novgorod-Séverski.
1604, 21 décembre.

UNE BATAILLE.

DES SOLDATS RUSSES *courent en désordre.*
Ils crient :
Malheur! malheur! Voici le tzarévitch, les Polonais! Les voici, les voici! (*Entrent les capitaines Margeret, Français, et Walter Rosen, Allemand, au service de Boris*[1].)

---

1. Ce capitaine Margeret passa du service de Boris à celui de Dmitri, qu'il servit jusqu'à la mort de ce dernier. De retour en France, il publia une curieuse relation de son séjour en Moscovie, qu'il dédia à Henri IV. Les mots soulignés sont en français dans l'original. W. Rosen parle en allemand.

MARGERET.

Où allez-vous ? Où courez-vous ? *Allons !* va en arrière.

L'UN DES FUYARDS.

Vas-y toi-même, si ça t'amuse, maudit païen.

MARGERET.

Quoi ? quoi ?

LE FUYARD.

Koâ ? koâ ?... Tu ne demandes pas mieux, grenouille d'outre-mer, que de coasser contre le tzarévitch russe. Nous, nous sommes des *pravoslavni*[1].

MARGERET.

Qu'est-ce à dire, pravoslavni ? *Sacrés gueux, maudite canaille ! Mordieu*, mein herr, *j'enrage. On dirait que ça n'a point de bras pour frapper, que ça n'a que des jambes pour fuir.*

W. ROSEN.

C'est une honte.

MARGERET.

Ventre-saint-gris ! je ne bouge plus d'un pas. Puisque le vin est tiré, il faut le boire. Qu'en dites-vous, mein herr?

---

1. Orthodoxes.

W. ROSEN.

Vous avez raison.

MARGERET.

Diable! il y fait chaud. Ce diable de Samoz-vanetz, comme il s'appelle, est un brave à trois poils.

W. ROSEN.

Oui.

MARGERET.

Eh! voyez donc, l'action s'engage sur les derrières de l'ennemi. Ce doit être le brave Basmanoff qui aura fait une sortie.

W. ROSEN.

Je le crois. (*Entre une troupe allemande.*)

MARGERET.

Ah! ah! voici nos Allemands. Messieurs.... Mein herr, dites-leur donc de se rallier, et, sacrebleu, chargeons.

W. ROSEN.

Fort bien. — Halte! (*Les Allemands reforment leurs rangs.*) Marche! (*Ils se mettent en marche en disant : Que Dieu nous assiste!*)

(*Bataille. — Les troupes de Boris fuient de nouveau.*)

DES POLONAIS.

Victoire! victoire! Gloire au tzar Dmitri!

DMITRI *à cheval.*

Qu'on sonne la retraite! Nous avons vaincu, c'est assez. Épargnez le sang russe. La retraite! (*Les tambours battent.*)

(En prose.)

La place devant les cathédrales, dans le Kremlin, à Moscou.

FOULE DE PEUPLE.

UN HOMME.
Le tzar sortira-t-il bientôt de l'église?
UN AUTRE.
La messe est finie; on chante les cantiques.
LE PREMIER.
A-t-on déjà maudit l'autre?
LE SECOND.
J'étais sur le perron, et j'ai entendu le diacre hurler : Grégoire Otrépieff, anathème!
LE PREMIER.
Qu'ils maudissent celui-là tant qu'ils veu-

lent. Le tzarévitch n'a rien à voir avec Otrépieff.

LE SECOND.

Et on proclame maintenant : Mémoire éternelle au tzarévitch Dmitri!

LE PREMIER.

Mémoire éternelle à un vivant! les impies auront à répondre de ce blasphème.

UN TROISIÈME.

Du bruit! N'est-ce pas le tzar?

UN QUATRIÈME.

Non, c'est un santon. (*Entre un santon, avec un bonnet en fer et tout chargé de chaînes. Il est entouré de petits garçons.*)

LES GARÇONS.

Bonnet de fer, Bonnet de fer, tr, tr!

UNE VIEILLE FEMME.

Laissez-le tranquille, petits diables. Prie pour moi, pécheresse, saint homme.

LE SANTON.

Donne, donne, donne, donne un petit kopek.

LA VIEILLE.

Tiens, voilà un kopek. Ne m'oublie pas dans tes prières.

LE SANTON *s'assied par terre et chante.*

« La lune va en carrosse; le petit chat pleure. Lève-toi, innocent, et prie Dieu. » (*Les garçons l'entourent de nouveau.*)

L'UN D'EUX.

Bonjour, santon. Que n'ôtes-tu aussi ton bonnet? (*Il le frappe sur la tête.*) Tiens, comme ça sonne.

LE SANTON.

Eh, moi, j'ai un petit kopek.

LE GARÇON.

Ce n'est pas vrai. Voyons, montre-le. (*Il lui arrache le kopek et s'enfuit.*)

LE SANTON *pleurant.*

On a pris mon petit kopek; on tourmente l'innocent.

LE PEUPLE.

Le tzar! le tzar! (*Le tzar sort de la cathédrale, précédé d'un boyard qui distribue des aumônes. D'autres boyards le suivent.*)

LE SANTON.

Boris, Boris, les petits garçons tourmentent l'innocent.

BORIS.

Qu'on lui fasse une aumône. Pourquoi pleure-t-il?

LE SANTON.

Les petits garçons me tourmentent. Fais-leur couper le cou, comme tu as fait couper le cou au petit tzarévitch.

TOUS LES BOYARDS.

Va-t'en, fou! Saisissez le fou!

BORIS.

Laissez-le. — Prie pour moi, innocent. (*Il s'éloigne.*)

LE SANTON *lui parlant.*

Non, non; l'on ne peut pas prier pour un tzar Hérode. La sainte Vierge le défend.

(En vers.)

Sevsk, ville du gouvernement d'Orel.

DMITRI *entouré des siens.*

Où est le prisonnier ?

UN POLONAIS.

Ici.

DMITRI.

Qu'on me l'amène. (*Entre un prisonnier russe.*) Ton nom ?

LE PRISONNIER.

Rojnoff, gentilhomme de Moscou.

DMITRI.

Y a-t-il longtemps que tu es au service ?

LE PRISONNIER.

Bientôt un mois.

DMITRI.

N'as-tu pas conscience, Rojnoff, de tirer l'épée contre moi?

LE PRISONNIER.

Que faire? Ce n'est pas notre volonté que nous suivons.

DMITRI.

As-tu combattu sous les murs de Séverski?

LE PRISONNIER.

Je suis arrivé de Moscou quinze jours après la bataille.

DMITRI.

Que fait Godounoff?

LE PRISONNIER.

Il a été très-troublé par la perte de la bataille et par la blessure de Mestislavski. Il a envoyé Chouïski pour commander l'armée.

DMITRI.

Pourquoi a-t-il rappelé Basmanoff à Moscou?

LE PRISONNIER.

Le tzar a récompensé ses prouesses par des honneurs et de l'or. Basmanoff est maintenant membre de la *Douma*.

DMITRI.

Il était plus nécessaire à l'armée. Que fait-on à Moscou ?

LE PRISONNIER.

Tout est tranquille, grâce à Dieu.

DMITRI.

M'y attend-on ?

LE PRISONNIER.

Dieu le sait. On n'ose guère parler de toi, à l'heure qu'il est. Aux uns on coupe la langue, aux autres, la tête. C'est singulier ; chaque jour un supplice. Les cachots regorgent. Trois ou quatre personnes se rassemblent-elles sur la place ? un espion se faufile aussitôt parmi elles ; et le tzar, dans ses moments de loisir, interroge lui-même les délateurs. Un malheur est vite arrivé. Aussi vaut-il mieux se taire.

DMITRI.

Le sort des sujets de Boris fait vraiment envie ! Et l'armée ?

LE PRISONNIER.

L'armée ? Elle est bien nourrie, bien vêtue ; elle est contente.

DMITRI.

Êtes-vous nombreux?

LE PRISONNIER.

Dieu seul le sait.

DMITRI.

Êtes-vous.... trente mille?

LE PRISONNIER.

En comptant bien, on en trouverait peut-être cinquante. (*Dmitri devient pensif. Ceux de sa suite se regardent avec anxiété.*)

DMITRI.

Que dit-on de moi dans votre camp?

LE PRISONNIER.

On dit que Ta Grâce.... que tu es.... ne te fâche pas de mes paroles.... on dit que tu es un brigand, mais un fameux gaillard.

DMITRI *souriant*.

Eh bien, je vais le leur prouver. — Amis, n'attendons pas Chouïski. Je vous félicite : à demain la bataille. (*Il sort.*)

TOUS.

Vive Dmitri!

UN POLONAIS.

A demain la bataille! Ils sont cinquante

mille, et nous, quinze mille à peine. Il a perdu la tête.

UN AUTRE POLONAIS.

Tu radotes, ami. Un seul Polonais peut défier cinq cents Moscovites.

LE PRISONNIER.

Oui, défier ; mais quand il faudra se battre, tu te sauveras d'un seul, hâbleur.

UN POLONAIS.

Si tu avais ton sabre à ton côté, prisonnier insolent, voici avec quoi je t'aurais fait taire.

LE PRISONNIER.

Un Russe peut bien se passer de sabre. Ne veux-tu pas goûter de ça (*montrant son poing*), homme sans cervelle ? (*Le Polonais le regarde avec fierté, et s'éloigne en silence. — Tous rient.*)

(En vers.)

Une forêt.

DMITRI et POUCHKINE. *Plus loin est couché un cheval expirant.*

DMITRI.

Mon pauvre cheval! avec quel ardeur il galopait aujourd'hui dans sa dernière bataille! et, quoique blessé, avec quelle rapidité il m'emportait! mon pauvre cheval!

POUCHKINE *à part.*

Il prend bien son temps pour regretter un cheval, quand toute notre armée est en pleine déroute.

DMITRI.

Écoute. Peut-être n'est-il qu'épuisé par sa blessure; peut-être vivra-t-il.

POUCHKINE.

Il agonise.

DMITRI *allant à son cheval.*

Mon pauvre cheval! que faire? Je vais lui ôter la sangle; qu'il meure du moins en liberté. (*Il ôte la sangle et la bride du cheval.— Entrent plusieurs Polonais.*) Bonjour, messieurs. Pourquoi ne vois-je pas Kourbski parmi vous? J'ai vu comme il s'enfonçait aujourd'hui dans le plus épais de la mêlée. Des milliers de sabres s'agitaient autour de lui comme des épis vacillants; mais son épée s'élevait plus haut que toutes les autres épées, et son cri terrible étouffait tous les autres cris. Où est mon chevalier?

UN POLONAIS.

Couché sur le champ de bataille.

DMITRI.

Honneur au brave! et paix à son âme! Combien peu de nous sont restés debout après le combat! Traîtres maudits! scélérats de Cosaques! c'est vous, vous qui nous avez perdus. Ne pas soutenir le choc pendant trois minutes! Qu'ils tremblent! j'en pendrai le dixième, de ces coquins.

POUCHKINE.

De qui que vienne la faute, le fait est que nous sommes battus, exterminés.

DMITRI.

Et pourtant l'affaire était gagnée. J'avais déjà enlevé l'avant-garde; mais les Allemands nous ont vaillamment repoussés. Ce sont de braves gens, devant Dieu. J'aime les braves gens, et certainement je me ferai d'eux une garde d'honneur.

POUCHKINE.

C'est bien; mais où passerons-nous cette nuit?

DMITRI.

Ici, dans ce bois. En quoi cette place est-elle mauvaise? Nous partirons avant l'aurore; nous serons à Rilsk pour dîner. Bonne nuit! (*Il se couche à terre, met sa selle sous sa tête, et s'endort.*)

POUCHKINE.

Bon sommeil, tzarévitch. — Battu complétement, à peine échappant par la fuite, il est insouciant comme un enfant naïf. Sans doute la Providence veille sur lui. Nous, amis, ne perdons pas courage.

(En vers.)

Moscou. — Le palais du tzar.

BORIS, BASMANOFF.

BORIS.

Il est vaincu. Mais à quoi bon? nous nous sommes couronnés d'une victoire inutile. Il a rallié ses troupes dispersées, et il nous menace du haut des murs de Pomtivl. Cependant, que font nos héros? Ils se tiennent devant Kromi, où une poignée de Cosaques se rient d'eux derrière des remparts à demi ruinés. Bel exploit! Non, je ne suis pas content d'eux. Je vais te mettre à leur tête. Ce n'est plus de la naissance, c'est de l'intelligence que je veux faire un voïvode. Que leur vanité regrette le *Rozriad!* il est temps de mépriser les murmures de la tourbe titrée, et de détruire cette coutume pernicieuse[1].

BASMANOFF.

Ah ! tzar, cent fois béni sera le jour qui dévorera tous les livres du *Rozriad*, avec tous les troubles qu'ils font naître, avec l'orgueil nobiliaire.

BORIS.

Ce jour n'est pas loin. Laisse-moi seulement le temps de calmer l'agitation du peuple.

BASMANOFF.

A quoi bon s'en soucier ? Le peuple est toujours enclin aux agitations. Ainsi un cheval mord son frein ; un adolescent s'indigne con-

---

1. Le *Rozriad* était une espèce de Livre d'or, un registre où l'on inscrivait les emplois qu'avaient occupés les membres de la noblesse. Il avait donné lieu à cette règle singulière, que le fils d'un gentilhomme ne pouvait pas occuper une place inférieure à celle du fils d'un autre gentilhomme dont l'emploi avait été inférieur à celui de son père. De là naissaient de continuels et interminables procès de prééminence. En outre, cette coutume rendait très-restreint le choix du prince pour les divers emplois publics. Ce fut Féodor, frère aîné et prédécesseur de Pierre le Grand, qui mit fin à ces abus en faisant brûler publiquement les livres du *Rozriad*.

tre le pouvoir de son père. Et pourtant le cavalier dirige son cheval et le père commande à son fils.

BORIS.

Le cheval, parfois, jette à bas son cavalier, et le fils n'est pas toujours en pleine soumission devant son père. Ce n'est que par une sévérité toujours vigilante qu'on peut dompter le peuple. C'est ainsi que pensait le premier des Ivan, le dompteur des tempêtes, le sage monarque ; c'est ainsi que pensait son farouche petit-fils. Non, le peuple n'est pas reconnaissant de la mansuétude. Fais-lui du bien, il ne te dira pas merci ; pille-le, supplicie-le, il ne t'en voudra pas plus de mal. (*Entre un boyard.*) Que viens-tu dire ?

LE BOYARD.

On annonce des hôtes étrangers.

BORIS.

Je veux les recevoir. — Basmanoff, attends ici ; j'ai encore à te parler. (*Il sort avec le boyard.*)

BASMANOFF.

Grand et vaste esprit de souverain ! Que

Dieu lui donne de vaincre le maudit Otrépieff!
il fera encore beaucoup de bien à la Russie.
Une grande pensée vient de naître dans son
âme; il ne faut pas lui laisser le temps de se
refroidir. Quelle carrière va s'ouvrir pour moi,
petit gentilhomme, s'il casse la corne à la
fierté des vieux boyards. Je ne connais pas de
rivaux dans l'art de la guerre; je me placerai
le premier près du trône du tzar. Et peut-être
un jour.... Mais quel est ce bruit étrange?
(*Tumulte. — Des boyards, des serviteurs de la
cour entrent et passent en courant, se parlent à
l'oreille et jettent des exclamations.*)

l'un d'eux.

Le médecin!

un autre.

Vite, chez le patriarche!

un troisième.

Il appelle le tzarévitch. Le tzarévitch!

un quatrième.

Le confesseur!

basmanoff.

Qu'est-il arrivé?

UN CINQUIÈME ET UN SIXIÈME *ensemble.*

Le tzar est tombé malade, le tzar se meurt.

BASMANOFF.

Dieu !

LE CINQUIÈME.

Il était assis sur son trône, quand il tomba soudain. Le sang lui jaillit de la bouche et des oreilles. (*On apporte Boris sur un fauteuil. — Toute sa famille et tous les boyards l'entourent.*)

BORIS.

Éloignez-vous tous. Laissez le seul tzarévitch avec moi. (*Tous sortent.*) Je meurs.... Embrassons-nous.... Adieu, mon fils.... Tu vas à l'instant régner.... Grand Dieu, je vais à l'instant paraître devant toi, et je n'ai pas le temps de purifier mon âme par le repentir. Et puis, je le sens, mon fils, tu m'es plus cher que le salut de mon âme. Je suis né sujet, et sujet j'aurais dû mourir. Mais j'ai saisi le pouvoir suprême. Comment? ne me le demande pas. Il suffit que tu sois innocent, que tu ailles maintenant régner par droit légitime. Moi seul, je répondrai de tout devant Dieu. O mon cher fils, ne te laisse pas séduire par une illusion, ne t'aveugle pas de ton plein gré; sache que tu reçois le pouvoir dans des jours orageux. Il est dangereux, ce miraculeux imposteur; il est armé d'un nom terrible. Moi, rompu depuis longues années à la science du gouvernement, j'ai pu tenir sous le talon la sédition et la révolte. Ils tremblaient tous devant moi, et la trahison n'osait lever la tête. Mais toi, jeune et inexpérimenté souverain, comment gouverneras-tu sous les coups de l'orage? Comment t'y prendras-tu pour éteindre les feux de la révolte, pour enchaîner la trahison? Mais Dieu est grand : à la jeunesse il donne la sagesse; à la faiblesse, la force. Écoute : Avant tout, choisis-toi un conseiller fidèle, d'années froides et mûres, aimé du peuple, respecté des boyards pour sa naissance ou sa gloire.... Chouïski, par exemple. Un chef habile est devenu nécessaire à l'armée; envoies-y Basmanoff, et supporte avec fermeté les murmures qu'en feront les boyards. Je t'ai introduit dans la *Douma* dès tes plus tendres années. Tu connais la marche des affaires. N'en change pas le cours; l'habitude est l'âme des empires. J'ai dû rétablir les supplices, l'exil, les disgrâces. Tu peux les suspendre aujourd'hui. On te bénira, comme on a béni ton oncle quand il a succédé au Terrible. Avec le temps, et petit à petit, ramène à toi les rênes du pouvoir. A présent, relâche-les, mais toutefois sans les laisser tomber de ta main. Sois gracieux et de facile abord à l'égard des étrangers; reçois leurs services avec confiance. Garde avec sévérité les constitutions de l'Église. Sois silencieux: la voix d'un tzar ne doit pas se perdre en vain dans le vide; de même qu'un son sacré ne doit annoncer qu'une grande réjouissance. O mon cher fils, tu entres dans les années où notre sang est agité par un visage de femme. Garde, garde la sainte pureté et la fière pudeur de l'innocence. Celui qui, dans ses jeunes années, s'habitue à se noyer dans des jouissances impures, celui-là, parvenu à sa maturité, devient farouche, aime le sang, et son esprit s'obscurcit avant l'âge. Reste toujours le maître de ta famille, respecte ta mère, mais que personne ne soit ton maître que toi-même. Tu es un homme, tu es un tzar…. Je

meurs.... Ah! aime ta sœur, tu es son seul appui.
FÉODOR *à genoux.*
Non, non; vis et règne longtemps. Le peuple et nous tous, nous sommes perdus sans toi!
BORIS.
Tout est fini..., mes yeux s'éblouissent.... je sens le froid du tombeau. (*Entrent le patriarche, les prêtres, les boyards. On amène la tzarine en la soutenant. La tzarevna sanglote.*) Qui vient là?... Ah! la robe de moine[1].... les saints ciseaux.... l'heure a sonné : le tzar devient un religieux, et l'étroit cercueil lui servira de cellule. — Attends, saint vladica; je suis encore tzar. — Boyards, écoutez tous : Voilà celui à qui je transmets la royauté. Baisez la croix à Féodor[2]. Basmanoff, mes amis, de mon tombeau je vous supplie encore de le servir avec zèle et loyauté. Il est jeune..., il est sans péché, lui.... Le jurez-vous?

---

1. En Russie comme en Espagne, on enterrait tout le monde, surtout les tzars, les nobles, les riches, les hommes importants, dans des habits de moines.

2. C'est-à-dire, jurez sur la croix que vous lui serez fidèles.

LES BOYARDS.

Nous le jurons.

BORIS.

Je suis satisfait. Pardonnez-moi mes scandales, mes péchés, mes offenses, secrètes et volontaires. Saint père, approche, je suis prêt. (*La cérémonie de la prise de robe commence. — On emporte les femmes évanouies*[1].)

---

1. Cette mort soudaine de Boris, et dans ces circonstances, est conforme à l'histoire.

(En vers.)

Une tente.

BASMANOFF *introduit* GABRIEL POUCHKINE.

BASMANOFF.

Entre ici, et parle librement. — Ainsi, il t'envoie à moi.

POUCHKINE.

Il t'offre son amitié et le premier rang, après lui, dans l'empire moscovite.

BASMANOFF.

Mais je suis déjà élevé aussi haut que possible par Féodor. Je commande l'armée. Il a méprisé pour moi et le *Rozriad* et la colère des boyards. Je lui ai prêté serment.

POUCHKINE.

Tu as prêté serment au légitime héritier du

trône; mais si un autre, plus légitime encore, est vivant?...

BASMANOFF.

Écoute, Pouchkine, ne me dis pas des choses vides de sens. Je sais fort bien qui il est.

POUCHKINE.

La Russie et la Pologne l'ont reconnu pour Dmitri. Du reste, je n'insiste pas. C'est peut-être le véritable Dmitri, c'est peut-être un imposteur; mais je sais que tôt ou tard le fils de Boris devra lui céder Moscou.

BASMANOFF.

Le jeune tzar ne descendra pas du trône aussi longtemps que je le protégerai. Nous avons assez de régiments, grâce à Dieu; la victoire relèvera leur courage. Et vous, qui enverrez-vous contre moi? votre Cosaque Karéla, ou bien ce Mnichek? Et puis, combien êtes-vous, tout compté?... à peine huit mille?

POUCHKINE.

Tu te trompes, nous ne sommes pas même aussi nombreux. J'en conviens moi-même, notre armée ne vaut rien : les Cosaques ne font que piller les villages, les Polonais s'enivrent et font les bravaches; quant aux Russes, il n'y a pas même à en parler. Je ne veux point ruser avec toi. Mais sais-tu, Basmanoff, ce qui fait notre force?... Ce n'est ni l'armée, ni l'assistance des Polonais : c'est l'opinion, c'est la faveur populaire. Tu as été témoin du triomphe de Dmitri et de ses conquêtes pacifiques alors que, partout, les villes se soumettaient à lui sans coup férir, et que la populace liait de cordes les voïvodes obstinés. Tu l'as vu toi-même, était-ce de bon cœur que vos soldats combattaient contre nous?... Et quand? sous Boris. Tandis qu'à présent.... Non, Basmanoff, il est trop tard pour lutter encore avec nous, et pour souffler sur les cendres refroidies de la guerre. Tu ne parviendras pas à les rallumer, malgré tout ton esprit et ta volonté ferme. Ne vaudrait-il pas mieux que tu donnasses le premier l'exemple d'une prudence raisonnée, et qu'en proclamant Dmitri tzar, tu t'assurasses son amitié à tout jamais? Qu'en penses-tu?

BASMANOFF.

On le saura demain.

POUCHKINE.

Décide-toi.

BASMANOFF.

Adieu. (*Pouchkine sort.*) Il a raison, il a raison; partout la trahison mûrit. Que dois-je faire? Attendrai-je que les révoltés me lient de cordes moi-même et me livrent à Otrépieff! Ne vaudrait-il pas mieux, en effet, prévenir l'inévitable rupture de la digue? Et moi-même.... Mais trahir son serment! mériter l'infamie de génération en génération! reconnaître par une abominable perfidie la confiance du jeune souverain! Il est facile à un exilé frappé de disgrâce de couver des projets de conspiration et de révolte; mais moi, moi, le favori du tzar.... Mais la mort.... mais la puissance..., mais le malheur public.... (*Il tombe dans une profonde rêverie; tout à coup il siffle.*) Holà! mon cheval; qu'on sonne l'alerte!

(En vers.)

Moscou. — La place de la Tribune devant le Kremlin.

GABRIEL POUCHKINE *s'avance entouré de* PEUPLE.

VOIX DANS LE PEUPLE.

Le tzarévitch nous a envoyé un boyard; écoutons ce qu'il va nous dire. Ici, ici.

POUCHKINE *sur la tribune*.

Citoyens de Moscou, le tzarévitch m'a ordonné de vous saluer. (*Il salue profondément.*) Vous savez comment la Providence céleste a sauvé le tzarévitch des coups de son assassin. Il venait ici pour punir l'infâme, mais le jugement de Dieu a déjà frappé Boris.... La Russie s'est soumise à Dmitri; Basmanoff lui-même, animé d'un zélé repentir, lui a amené ses troupes, qui lui ont prêté serment. Dmitri s'avance auprès de vous avec paix, avec amour. Lèverez-vous le bras contre votre tzar légitime, contre le descendant de Monomaque, pour plaire à la famille de Godounoff?

LE PEUPLE.

Non, non, certainement.

POUCHKINE.

Citoyens de Moscou, tout le monde ne sait que trop ce que vous avez eu à souffrir sous le cruel parvenu. Exils, supplices, peines infamantes, impôts arbitraires, travaux incessants, pauvreté, famine, vous avez tout supporté. Dmitri, au contraire, veut répandre ses largesses sur les boyards, les gentilshommes, les militaires, les marchands, les hôtes étrangers, et sur tout le peuple vénérable. Voudrez-vous vous obstiner follement contre lui et repousser ses grâces? Mais il s'avance, pour remonter sur le trône royal de ses pères, avec un terrible cortége. N'irritez donc pas le tzar. Craignez Dieu, et baisez la croix à votre maître légitime. Humiliez-vous, et envoyez sur-le-champ au camp de Dmitri le métropolitain, des boyards, des diâks, des hommes choisis, pour qu'ils frappent la terre de leurs fronts devant le père-tzar. (*Il descend de la tribune. — Un grand bruit s'élève.*)

VOIX DANS LA FOULE.

Pourquoi hésiter?... le boyard a dit vrai.... Vive Dmitri notre père!

UN PAYSAN *monté sur la tribune.*

Peuple, peuple, au Kremlin, au palais du tzar! va prendre le jeune chien de Boris.

LE PEUPLE *s'élançant en foule.*

Oui, qu'on le prenne! qu'on le noie! Vive Dmitri! Périsse la race de Boris Godounoff!

(En prose.)

Devant la maison particulière de Boris, dans le Kremlin.
Une garde sur le perron.

Féodor s'est approché de la fenêtre.

UN MENDIANT.

Faites-moi l'aumône, au nom du Christ.

UN DES GARDES.

Va-t'en; il est défendu de parler aux prisonniers.

FÉODOR.

Va, vieillard, je suis plus pauvre que toi. Tu es en liberté. (*Xénia, voilée, s'approche aussi de la fenêtre.*)

UN HOMME DU PEUPLE.

Le frère et la sœur. Pauvres enfants! comme des oiseaux en cage!

UN AUTRE.

Il y a bien de quoi les plaindre ! race maudite !

LE PREMIER.

Le père était un scélérat ; mais ces pauvres enfants-là sont innocents.

LE SECOND.

La pomme ne tombe pas loin du pommier.

XÉNIA.

Frère, il me semble que des boyards viennent à nous.

FÉODOR.

C'est Golitzine et Mosalski ; les autres me sont inconnus.

XÉNIA.

Ah ! frère, le cœur me manque. (*Entrent Golitzine, Mosalski, Moltchanoff et Chéréfédinoff, suivis de trois strélitz.*)

VOIX DANS LE PEUPLE.

Place, place aux boyards ! (*Ils entrent dans la maison. — Féodor et Xénia s'éloignent de la fenêtre.*)

UN HOMME DU PEUPLE.

Pourquoi sont-ils venus ?

UN AUTRE.

Sans doute pour faire prêter serment à Féodor Godounoff.

UN TROISIÈME.

Tu crois? Écoute : quel bruit dans la maison! quel tumulte! On s'y bat.

VOIX DANS LE PEUPLE.

Entends-tu?... un cri.... C'est un cri de femme.... Entrons.... Les portes sont fermées.... Le bruit a cessé. (*La porte s'ouvre.— Mosalski paraît sur le perron.*)

MOSALSKI.

Peuple, Marie Godounoff et son fils Féodor viennent de s'empoisonner. Nous avons vu leurs cadavres. (*Il s'arrête. — Le peuple se tait, frappé de stupeur.*) Eh bien, pourquoi vous taisez-vous?... Criez donc : Vive le tzar Dmitri Ivanovitch! (*Le peuple reste silencieux.*)

LE BARON AVARE

PERSONNAGES.

LE BARON.
LE DUC.
ALBERT, fils du baron.
SALOMON.
JOHANN, domestique.

LE BARON AVARE.

SCÈNE PREMIÈRE.

(Une tour.)

ALBERT *et son domestique* JOHANN.

ALBERT.

Quoi qu'il arrive, je paraîtrai au tournoi.— Johann, montre-moi mon casque. *(Johann le lui apporte.)* Percé à jour ! impossible de le mettre. Il faut que j'en trouve un autre. Quel coup ! Maudit comte de Lorges !

JOHANN.

Vous l'en avez bien payé en le jetant de ses

étriers par terre. Il est resté tout un jour comme mort, et l'on ne sait s'il en reviendra.

ALBERT.

Il n'a rien perdu, lui. Sa cotte de mailles de Venise est intacte. Quant à sa poitrine, elle ne lui coûte rien; il n'est pas obligé de s'en acheter une autre. Pourquoi ne lui ai-je pas ôté son casque dans la lice? Je l'aurais fait, si je n'avais eu honte devant les dames et le duc. Maudit comte! il eût mieux fait de me percer la tête. J'ai aussi besoin d'habits. La dernière fois, tous les chevaliers assis à la table du duc étaient en soie et en velours; moi seul j'étais en cuirasse. J'ai dit pour excuse que j'étais venu au tournoi par hasard. Que dirai-je maintenant? O pauvreté, pauvreté! comme elle nous abaisse le cœur! Quand de Lorges perça mon casque de sa lourde lance, et me dépassa au galop; quand, la tête nue, je donnai de l'éperon à mon *Émyr*, et, m'élançant comme la foudre, je jetai le comte à vingt pas, de même qu'un petit page; quand toutes les dames se levèrent de leurs siéges, et que Clotilde elle-même, se cachant le visage, poussa un cri involontaire ; quand tous les hérauts célébrèrent la vigueur de ce coup ; personne alors ne se doutait de la cause de ma bravoure et de ma force terrible : j'étais furieux d'avoir mon casque endommagé. Qui m'avait donné cet héroïsme ? l'avarice. Oui, l'avarice. Il n'est pas difficile d'en être infecté, quand on vit sous le même toit que mon père. Que fait mon pauvre *Émyr ?*

JOHANN.

Il boite encore. Vous ne pouvez pas le monter.

ALBERT.

Allons, j'achèterai l'alezan. D'ailleurs on n'en demande pas cher.

JOHANN.

Pas cher, oui ; mais nous n'avons pas d'argent.

ALBERT.

Que t'a dit ce coquin de Salomon ?

JOHANN.

Qu'il ne pouvait plus vous prêter de l'argent sans gages.

ALBERT.

Gages! où veux-tu que je prenne des gages, diable que tu es?

JOHANN.

C'est ce que je lui ai dit.

ALBERT.

Eh bien?

JOHANN.

Il s'est mis à geindre et à plier les épaules.

ALBERT.

Mais tu devais lui dire que mon père est lui-même riche comme un juif; et que, tôt ou tard, j'hériterai de tout.

JOHANN.

C'est ce que je lui ai dit.

ALBERT.

Eh bien?

JOHANN.

Il s'est mis à plier les épaules et à geindre.

ALBERT.

Quel malheur!

JOHANN.

Il a voulu venir lui-même.

ALBERT.

Tant mieux. Je ne le lâcherai pas sans une rançon. (*On frappe à la porte.*) Qui est là? (*Entre le juif Salomon.*)

SALOMON.

Votre humble serviteur.

ALBERT.

Ah! cher ami, maudit juif, respectable Salomon, daigne un peu t'approcher. Comment, on dit que tu ne prêtes plus à crédit?

SALOMON.

Oh! noble seigneur, je vous jure que je le ferais avec plaisir; mais je ne puis. Où prendre de l'argent? je me suis complétement ruiné pour être venu en aide aux gentilshommes. Personne ne paye. Moi-même, je venais vous prier de me rendre.... ne fût-ce qu'une partie....

ALBERT.

Mais, brigand, si j'avais eu de l'argent, aurais-je voulu avoir affaire avec toi? Finissons-en; ne fais pas l'obstiné, mon cher Salomon. Donne tes ducats; lâche-m'en une centaine avant qu'on ne t'ait fouillé.

SALOMON.

Une centaine ! ah ! si j'avais cent ducats !

ALBERT.

Voyons ; n'as-tu pas honte de ne pas venir en aide à tes amis ?

SALOMON.

Je vous jure....

ALBERT.

Finis donc. Tu veux un gage ? Quelle folie ! Que veux-tu que je te donne en gage ? une peau de cochon ? Si j'avais quelque objet qui eût du prix, il y a longtemps que je l'aurais vendu. Ne te suffit-il pas d'une parole de chevalier, chien que tu es ?

SALOMON.

Votre parole, aussi longtemps que vous êtes en vie, vaut beaucoup, beaucoup. Comme un talisman, elle peut vous ouvrir tous les coffres des richards de Flandre. Mais si vous me la transmettez à moi, pauvre Hébreu, et qu'ensuite vous veniez à mourir, ce qu'à Dieu ne plaise, alors, dans mes mains, elle sera semblable à la clef d'un coffre jeté au fond des mers.

ALBERT.

Mourir! Mais est-ce que je vivrai moins que mon père?

SALOMON.

Qui le sait? ce n'est point par nous-mêmes que nos jours sont comptés. Un jeune homme fleurissait hier; et le voilà qui meurt aujourd'hui, et quatre vieillards le portent péniblement à la terre sur leurs épaules courbées. Le baron se porte bien; il peut, avec la grâce de Dieu, vivre encore dix, vingt, trente ans peut-être.

ALBERT.

Tu radotes, juif. Dans trente ans, j'aurai la cinquantaine; et alors, à quoi l'argent me sera-t-il bon?

SALOMON.

L'argent! l'argent est bon toujours, et à tout âge. Mais le jeune homme voit dans les pièces de monnaie[1] d'agiles serviteurs qu'il expédie dans tous les sens, sans les ménager; tandis que le vieillard voit en elles des amis

---

1. Le mot argent est pluriel en russe.

éprouvés, et les garde comme la prunelle de ses yeux.

ALBERT.

Oh! mon père ne voit dans les pièces de monnaie ni des serviteurs, ni des amis, mais des maîtres. Il les sert lui-même; et comment? comme un esclave d'Alger, comme un chien à la chaîne. Il vit dans un galetas, non chauffé; il boit de l'eau, mange du pain sec, et grelotte sans dormir toute la nuit, tandis que son or se prélasse tranquillement dans ses coffres. Mais, patience, un jour cet or viendra à mon service, et je lui désapprendrai à mener cette vie indolente.

SALOMON.

Oui, aux funérailles du baron, il y aura plus de ducats répandus que de larmes. Que Dieu hâte votre héritage!

ALBERT.

Amen.

SALOMON.

Il est vrai qu'on pourrait bien....

ALBERT.

Quoi?

SALOMON.

Je voulais dire qu'il y a certain moyen....

ALBERT.

Quel moyen ?

SALOMON.

Je.... un petit vieillard de ma connaissance, un Hébreu, un pauvre commerçant....

ALBERT.

Un usurier comme toi? ou un peu plus honnête ?

SALOMON.

Non, chevalier. Tobie a un autre commerce. Il compose des gouttes.... C'est vraiment surprenant comme elles agissent....

ALBERT.

Eh bien, quoi? que me font des gouttes ?

SALOMON.

Il n'y a qu'à en mettre dans un verre d'eau. Trois gouttes suffisent. On ne peut y remarquer ni goût ni couleur. Et l'homme, sans coliques, sans maux de cœur, sans souffrance, meurt paisiblement.

ALBERT.

Ton petit vieillard vend du poison ?

SALOMON.

Oui, du poison aussi.

ALBERT.

Eh bien, vas-tu me proposer de me prêter, au lieu d'argent, deux cents fioles de poison, à un ducat pièce? n'est-ce pas cela?

SALOMON.

Vous daignez rire de moi. Non, je voulais.... peut-être que vous.... je croyais.... peut-être que le temps est venu pour que le baron meure....

ALBERT.

Comment! empoisonner mon père!... et tu as osé.... à son fils!... Johann, empoigne-le.... Et tu as osé!... mais sais-tu bien, âme de juif, chien, serpent, que je vais à l'instant te faire pendre à la porte du château.

SALOMON.

Pardonnez-moi, j'ai eu tort; je ne faisais que plaisanter.

ALBERT.

Johann, une corde.

SALOMON.

J'ai.... plaisanté. Voici votre argent.

ALBERT.

Hors d'ici, chien. (*Salomon se sauve.*) Voilà où m'a conduit l'avarice de mon père ! Voilà ce qu'un juif m'ose proposer ! — Donne-moi un verre de vin ; je tremble de la tête aux pieds.... Johann, l'argent m'est pourtant nécessaire. Rattrape ce maudit juif, et prends-lui ses ducats. Apporte-moi une écritoire ; je donnerai ma signature au coquin. Mais n'introduis pas ici ce Judas... Non, reste... ses ducats pueraient la trahison comme les trente oboles de son ancêtre. — Je t'ai demandé du vin.

JOHANN.

Il n'en reste plus une goutte.

ALBERT.

Et ce vin que Raymond m'avait envoyé d'Espagne en cadeau ?

JOHANN.

J'ai porté hier la dernière bouteille au maréchal ferrant malade.

ALBERT.

Oui, je m'en souviens. Eh bien ! donne-moi de l'eau. — C'est décidé; j'irai demander justice au duc. Il faut qu'il force mon père à m'entretenir comme un fils, non comme un rat né au fond d'une cave.

(Ils sortent.)

SCÈNE II.

(Un caveau.)

LE VIEUX BARON *seul*.

Ainsi qu'un jeune écervelé attend l'heure du rendez-vous avec quelque rusée courtisane ou quelque sotte qu'il a trompée, ainsi ai-je attendu tout le jour l'instant où je pourrais descendre dans mon secret caveau, pour revoir mes coffres fidèles. Heureuse journée! je puis jeter une poignée d'or, qu'aujourd'hui j'ai rassemblée, dans le sixième coffre qui n'est pas encore rempli. Cela paraît peu de chose; mais les trésors croissent peu à peu. J'ai lu quelque part qu'un roi puissant ordonna un jour aux soldats de son armée d'apporter chacun une poignée de terre en un certain lieu, et une fière colline se dressa, et le roi put de cette hauteur contempler avec joie et la plaine couverte de tentes blanchissantes, et la mer où couraient ses nombreux vaisseaux. Ainsi moi, apportant par pauvres poignées mon tribut journalier à ce caveau, j'ai aussi dressé ma colline, et de sa hauteur je puis aussi contempler tout ce qui m'est soumis. Qu'est-ce qui ne m'est pas soumis? D'ici je puis gouverner le monde comme un esprit d'en haut. Je n'ai qu'à vouloir, et de splendides palais s'élèveront. Les nymphes accourront en troupes folâtres dans mes jardins magnifiques; les Muses m'apporteront leurs offrandes, le libre génie demandera à devenir mon esclave, et la vertu, et le travail avec ses veilles attendront humblement de moi leur récompense. Je n'aurai qu'à siffler, et le crime ensanglanté entrera en rampant, obéissant et craintif, et me léchera la main, et me regardera dans les yeux pour chercher à y lire ma volonté. Tout est soumis à moi, moi je ne le suis à rien, car je suis au-dessus de tout désir. Je suis calme, je sais ma force, et cette conscience me suffit. (*Il regarde l'or dans sa main.*) Oui, cela paraît peu de chose ; et pourtant combien de soucis, de tromperies, de mensonges, de larmes, de prières, de malédictions sont représentés là ! Voici un vieux ducat, une veuve me l'a donné aujourd'hui ; mais auparavant elle a passé une demi-journée sous ma fenêtre, avec ses trois enfants, agenouillée et hurlant des supplications. La pluie tomba, et cessa, et tomba de nouveau ; l'hypocrite ne bougeait point. J'aurais pu la chasser ; mais quelque chose me disait en secret qu'elle avait apporté la dette de son mari. Elle ne voudra point, pensai-je, aller en prison dès demain. Et cet autre ducat, c'est Thibaut qui me l'a apporté. Où l'a-t-il pu prendre, le fainéant ? Il l'a volé, sans doute ; ou peut-être, là, près de la grande route, la nuit, dans un bois.... Oui, si toutes les larmes, toute la sueur, tout le sang répandus pour tout ce qui est amoncelé ici pouvaient sortir tout à coup du sein de la terre, il se ferait un nouveau déluge, et je serais noyé au fond de mes fidèles souterrains. — Mais il est temps. (*Le baron apprête sa clef.*) Chaque fois que je veux ouvrir un de mes coffres, j'éprouve un frisson de chaud et de froid. Ce n'est pas de la crainte (oh! non, qui pourrais-je craindre? j'ai là mon épée, et le loyal acier me répond de mon or ; mais je ne sais quel indéfinissable sentiment m'oppresse le cœur. Les médecins nous assurent que des gens trouvent un charme étrange dans l'assassinat. Quand j'introduis ma clef dans la serrure, je ressens ce qu'ils doivent ressentir en enfonçant le couteau dans la victime. C'est à la fois terrible et délicieux. *(Il ouvre le coffre.)* Voilà ma félicité! *(Il y jette la poignée d'or.)* Allez, vous. C'est assez errer par le monde, assez servir aux passions et aux besoins des hommes. Endormez-vous ici du sommeil de la force et du calme éternel, comme dorment les dieux dans les cieux profonds....

Je veux aujourd'hui m'arranger une fête. Je vais allumer une torche devant chacun des coffres, et je les ouvrirai tous, et je repaîtrai mes regards de tous ces monceaux éblouissants *(Il allume des torches, et ouvre successivement tous ses coffres.)*

Je règne.... quel éclat magique! quel empire!

qu'il est fort et qu'il m'est obéissant! Voici le bonheur, voici la gloire, voici l'honneur! Je règne, je suis roi.... Mais, à qui doit échoir ce pouvoir après moi? Mon héritier, un fou, un dissipateur, le compagnon de débauches impudiques.... A peine serai-je mort, lui, il va descendre ici, sous ces tranquilles et délicieuses voûtes, avec une nuée de flatteurs et d'avides parasites. Après avoir volé mes clefs sur mon cadavre, il ouvrira mes coffres en riant; et mes trésors couleront dans les poches trouées des pourpoints de soie. Il brisera les vases sacrés; il saturera la boue avec la myrrhe des rois, il jettera au vent.... Mais de quel droit? Tout cela m'est-il venu en dormant? ou en plaisantant comme un joueur qui fait bruire des dés et ramasse au râteau des tas d'or? Qui sait ce que cela m'a coûté d'amères abstinences, de passions domptées, de noirs soucis, de jours sans repos, de nuits sans sommeil? Mon fils dira-t-il que mon cœur s'est enveloppé de mousse et que je n'ai jamais connu les désirs, ou que la conscience ne m'a jamais mordu, la conscience, cet animal à griffes qui égratigne le cœur, la conscience, ce visiteur qu'on n'a pas invité, ce créancier brutal, cette sorcière qui troublerait jusqu'à la paix des tombeaux et leur ferait vomir leurs morts? Non, gagne ta richesse, souffre. Et alors nous verrons, malheureux, si tu dissiperas ce que tu auras gagné à la perte de ton sang. Oh! si je pouvais cacher ce caveau à tous les regards indignes! oh! si je pouvais sortir du sépulcre, et m'asseoir sur ce coffre comme une ombre gardienne, et, comme je le fais à cette heure, défendre mes trésors contre l'approche de tout vivant!...

SCÈNE III.

(Le palais ducal.)

ALBERT ET LE DUC.

ALBERT.

Croyez, sire, que j'ai supporté longtemps la honte de l'amère pauvreté. Si je n'étais réduit à l'extrémité, vous n'auriez jamais entendu ma plainte.

LE DUC.

Je vous crois. Un noble chevalier comme vous ne saurait accuser son père sans y être contraint. Il y a peu de fils assez dénaturés pour une telle action. Soyez tranquille : je ferai entendre raison à votre père en tête à tête, sans bruit. Je l'attends ici. Depuis fort longtemps nous ne nous sommes vus. Il avait été l'ami de mon aïeul. Je me rappelle, quand j'étais encore enfant, il m'asseyait sur son cheval, et me couvrait de son lourd casque comme d'une cloche. (*Il regarde par la fenêtre.*) Qui vient là? n'est-ce pas lui?

ALBERT.

C'est lui, sire.

LE DUC.

Passez dans la chambre voisine; je vous appellerai quand il en sera temps. (*Albert sort. Entre le baron.*) Baron, je suis content de vous voir frais et dispos.

LE BARON.

Moi, je suis heureux, sire, d'avoir encore assez de force pour me rendre à vos ordres.

LE DUC.

Il y a longtemps, bien longtemps, baron, que nous nous sommes quittés. Vous souvenez-vous de moi?

LE BARON.

Il me semble, sire, que je viens de vous quitter à l'instant. Oh! vous étiez un enfant plein de vivacité. Le défunt duc me disait souvent : « Philippe (il m'appelait ainsi), que dis-tu de ce bambin? Dans une vingtaine d'années, nous serons des sots devant lui. » Devant vous, c'est-à-dire.

LE DUC.

Nous referons connaissance. Vous avez oublié ma cour.

LE BARON.

Je suis vieux, sire; que ferais-je à la cour? Vous êtes jeune, vous aimez les tournois, les fêtes; et moi, je n'y suis plus bon à rien. Si Dieu nous envoyait une guerre, je serais prêt à me hisser en gémissant sur mon cheval; j'aurais encore assez de force pour tirer mon épée d'une main tremblante, et vous en offrir le service.

LE DUC.

Baron, votre zèle nous est connu. Vous avez été l'ami de mon aïeul; mon père vous avait en grande estime, et moi je vous ai toujours tenu pour un chevalier fidèle et brave. Mais asseyons-nous. — Vous avez des enfants, baron?

LE BARON.

Un seul fils.

LE DUC.

Pourquoi ne le vois-je point auprès de moi? La cour vous importune; mais il convient à son âge et à sa naissance de se trouver en notre compagnie.

LE BARON.

Mon fils n'aime pas la vie mondaine et bruyante. Il est d'un caractère sauvage et sombre. Il erre constamment dans les bois, autour du château, comme un jeune cerf.

LE DUC.

Il ne lui sied pas de faire ainsi le sauvage. Une fois à la cour, nous l'habituerons bien vite aux gaietés, aux bals, aux tournois. Envoyez-le-moi, et assignez à votre fils une pension digne du rang qu'il doit tenir.... Vous froncez le sourcil; seriez-vous fatigué de la route?

LE BARON.

Non, sire, je ne ressens pas de fatigue; mais vous m'avez troublé. Je n'aurais pas voulu dévoiler devant vous.... Vous me forcez à dire de mon fils ce que j'aurais voulu vous cacher. Sire, il est malheureusement indigne de vos bontés, indigne même de votre attention. Il passe sa jeunesse dans les vices et les excès d'une mauvaise vie.

LE DUC.

Sans doute, baron, c'est parce qu'il est seul. La solitude et l'oisiveté perdent les jeunes gens. Envoyez-le-moi, vous dis-je; il oubliera ici les habitudes prises dans l'ennui de l'isolement.

LE BARON.

Excusez, sire; mais.... en vérité, je ne puis y consentir.

LE DUC.

Pourquoi donc?

LE BARON.

Ne pressez pas un vieillard....

LE DUC.

Si; j'exige que vous me révéliez le motif de votre refus.

LE BARON, *après un silence.*

J'en veux à mon fils.

LE DUC.

Pourquoi?

LE BARON.

Pour un crime.

LE DUC.

Quel crime? dites.

LE BARON.

Excusez, sire.

LE DUC.

C'est très-étrange! serait-ce quelque chose dont vous auriez horreur?

LE BARON.

Oui, horreur.

LE DUC.

Qu'a-t-il donc fait?

LE BARON.

Il a voulu.... (*baissant la voix*) me tuer.

LE DUC.

Vous tuer! Mais alors je le livrerai à la justice comme un noir scélérat.

LE BARON.

Je ne prendrais pas la charge de prouver son crime, quoique je sache fort bien qu'il attend ma mort, quoique je sache aussi qu'il a tenté de....

LE DUC.

Quoi donc?

LE BARON.

De me voler.

ALBERT, *s'élançant de la chambre voisine.*

Vous en avez menti, baron.

LE DUC *à Albert.*

Comment osez-vous paraître?

LE BARON.

Toi.... ici!... toi..., tu as osé.... tu as pu dire une pareille parole à ton père? Je mens.... et devant notre souverain! Et c'est à moi.... Ne suis-je donc plus un gentilhomme?

ALBERT.

Vous êtes un menteur.

LE BARON.

Et la foudre n'a pas encore éclaté, dieux vengeurs! Ramasse donc cela (*il jette son gant*), et que l'épée nous juge.

ALBERT (*il ramasse le gant*).

Merci! Voici le premier don de mon père.

LE DUC.

Qu'ai-je vu? que s'est-il passé devant moi? Un fils accepte le défi de son vieux père! Dans quel temps ai-je mis sur ma tête la couronne ducale! — Taisez-vous tous deux — vous, insensé, et toi, jeune tigre. — Laisse cela, rends-moi ce gant. (*Il le lui arrache.*) Il s'y était cramponné, comme avec des griffes. Monstre, sortez; et n'osez plus reparaître à mes yeux que je ne vous appelle. (*Albert sort.*) Et vous, malheureux vieillard, n'avez-vous pas honte?...

LE BARON.

Excusez, sire; je ne puis me tenir debout. Mes genoux fléchissent. J'étouffe, j'étouffe.... Où sont mes clefs, mes clefs?... (*Il tombe.*)

LE DUC.

Il se meurt. — Dieu! quel horrible temps! Quels cœurs de fer!

(*La toile tombe.*)

MOZART ET SALIERI

MOZART ET SALIERI.

SCÈNE PREMIÈRE.

(Une chambre.)

SALIERI.

Tous disent : « Il n'y a pas de justice sur la terre ; » mais il n'y a pas non plus de justice plus haut. Pour moi, cela est clair comme une simple gamme. Je suis né, moi, avec l'amour de l'art. Étant petit enfant, lorsque les sons de l'orgue retentissaient dans les hauteurs de notre vieille église, j'écoutais, et je ne pouvais me lasser d'entendre ; des larmes coulaient de mes yeux. Je repoussai de bonne heure les distractions futiles. Toute science étrangère à la musique me devint importune. Je m'en détournai avec obstination et fierté ; je me donnai à la seule musique. Tout premier pas est difficile, et tout début de route ennuyeux. J'avais à vaincre des obstacles qui m'assaillirent tout d'abord. Je plaçais le métier pour base de l'art ; je me fis artisan. Je donnais à mes doigts une rapidité sèche et obéissante ; je forçais mon oreille à être juste ; je tuais les accords et j'anatomisais la musique comme un cadavre. Je pris enfin l'algèbre pour preuve de l'harmonie. Ce n'est qu'alors, après avoir traversé le creuset de la science, que j'osai me livrer à la volupté créatrice. Je me mis à créer, mais dans le mystère, dans l'isolement, sans me permettre de penser même à la gloire. Souvent, après avoir passé deux ou trois jours dans ma cellule silencieuse, où j'oubliais la nourriture et le sommeil, après avoir goûté les élans et les larmes de l'inspiration, je brûlais mon travail et je regardais froidement comment ma pensée et les sons que je venais de créer disparaissaient avec la légère fumée. Que dis-je? lorsque le grand Gluck apparut et nous dévoila de nouveaux mystères (mystères profonds, séduisants, enchanteurs), n'ai-je pas jeté tout ce que j'avais su auparavant, tout ce que j'avais aimé, tout ce que j'avais cru avec tant d'ardeur? Et ne me suis-je pas mis à le suivre sans murmure, avec un nouveau courage, comme quelqu'un qui aurait perdu sa route, et qu'un autre voyageur remettrait dans le droit chemin? Par une persévérance obstinée, pleine d'efforts, j'atteignis enfin un haut degré dans l'art infini. La gloire vint me sourire. Je trouvai dans le cœur des hommes un écho à mes créations. J'étais heureux; je jouissais paisiblement de mes travaux, de mes succès, de ma gloire, ainsi que des travaux et des succès de mes amis, de mes compagnons dans l'art éternel. Non, jamais je n'avais connu l'envie, jamais; ni lorsque Piccini sut enchanter l'oreille des sauvages Parisiens, ni même quand j'entendis les premiers accents de l'*Iphigénie*. Qui aurait pu dire que le fier Salieri deviendrait un misérable envieux, un serpent foulé aux pieds,

qui, dans son abaissement, n'a plus de force
que pour mordre la poussière et le sable? Personne.... Et maintenant, c'est moi-même qui
le dis, je suis un envieux; oui, j'envie profondément, cruellement. O ciel! où donc est la
justice, quand le don sacré, le génie immortel,
n'est pas envoyé en récompense de l'amour
brûlant, de l'abnégation, du travail, de la patience, des supplications enfin, mais quand il
illumine le front d'un viveur insouciant!
O Mozart! Mozart!... *(Entre Mozart.)*

MOZART.

Ah! tu m'as aperçu? Et moi qui voulais te
surprendre, te régaler d'une plaisanterie inattendue.

SALIERI.

Te voilà! Es-tu ici depuis longtemps?

MOZART.

Je ne fais qu'entrer. Je venais chez toi pour
te montrer quelques morceaux, lorsque, passant devant un cabaret, j'entendis un violon.
Non, ami Salieri, tu n'as jamais rien entendu
d'aussi drôle. Un violonneux aveugle jouait
dans ce cabaret: *Voi che sapete*. C'était char-

ment. Ma foi, je n'ai pu résister, et je t'amène cet artiste pour qu'il te régale de son savoir-faire.—Entre, toi! *Entre un vieillard aveugle, avec un violon.* Voyons, joue-nous quelque chose de Mozart.

Le vieillard joue un air de Don Giovani : *Mozart rit aux éclats.*

SALIERI.

Et tu peux rire?

MOZART.

Pourquoi ne ris-tu pas?

SALIERI.

Non, je ne ris pas quand un méchant peintre d'enseignes me barbouille la *Madone de Raphaël*; je ne ris pas quand un misérable baladin ose insulter à Dante par une parodie. —Va-t'en, vieillard.

MOZART.

Attends donc. Prends cela; bois à ma santé. *Le vieillard sort.* Tu n'es pas de bonne humeur aujourd'hui, Salieri; je reviendrai une autre fois.

SALIERI.

Que m'apportais-tu?

MOZART.

Rien, une bagatelle. La nuit dernière, mon insomnie habituelle me tourmentait, et il me vint à la tête deux ou trois idées. Je les jeta ce matin sur le papier, et je voulais savoir ton opinion.... mais aujourd'hui tu n'es pas disposé à penser à moi.

SALIERI.

Ah! Mozart, Mozart, quand ne pensé-je pas à toi! Prends un siége, j'écoute.

MOZART, *assis devant le piano.*

Représente-toi.... qui donc?... Eh bien, moi.... seulement un peu plus jeune.... amoureux.... pas trop, pourtant.... avec une jeune beauté.... ou avec un ami.... avec toi, par exemple. Je suis gai. Tout à coup, une apparition du tombeau.... ou des ténèbres subites.... enfin quelque chose dans ce genre.... Enfin, écoute. (*Il joue.*)

SALIERI, *après un silence.*

C'est cela que tu avais à me montrer, et tu pouvais t'arrêter devant un cabaret pour écouter ce vieil aveugle! O Mozart! tu es indigne de toi-même.

MOZART.

Quoi! c'est donc bien?

SALIERI.

Quelle profondeur! quelle hardiesse! quelle élégance! Tu es un dieu, Mozart, et tu n'en sais rien; mais je le sais, moi.

MOZART.

Bah! en verité!... C'est possible.... mais, en ce moment, ma divinité a faim.

SALIERI.

Écoute; dînons ensemble au *Lion d'or*.

MOZART.

Volontiers, je ne demande pas mieux. Donne-moi le temps d'aller à la maison avertir ma femme pour qu'elle ne m'attende pas. (*Il sort.*)

SALIERI.

Je t'attends, n'oublie pas.

Non, je ne puis plus résister à ma destinée.... je suis choisi pour l'arrêter. Sans cela nous sommes tous perdus, nous les prêtres de la musique, non pas moi seulement avec ma sourde renommée. A quoi peut-il servir que Mozart vive encore, et atteigne des hauteurs nouvelles? Élèvera-t-il par là notre art? Non, l'art tombera dès que Mozart aura disparu sans laisser d'héritier. Comme un chérubin, il nous aura apporté quelques chants du paradis, pour, après avoir ému en nous, fils de la poussière, le désir sans ailes, s'envoler de nouveau. Envole-toi donc.... plus tôt ce sera, et mieux ce sera....

Voici ce poison, dernier présent de mon Isaure. Il y a dix-huit ans que je le porte constamment sur moi. Et bien souvent, depuis cette époque, la vie m'a paru comme une plaie insupportable; et bien souvent je me suis assis à la même table avec un ennemi sans défiance. Mais jamais je ne me suis laissé aller aux murmures de la tentation, quoique je ne sois pas un lâche, quoique je ressente profondément toute offense, quoique j'estime peu la vie. J'hésitais toujours. Quand la soif de la mort venait me prendre : mourir, me disais-je! mais peut-être la vie m'apportera des dons inattendus; peut-être l'enthousiasme viendra me visiter; une nuit créatrice et l'inspiration.... peut-être un nouveau Haydn fera-t-il quelque chose de grand, et j'en jouirai. Ou bien, quand j'étais assis dans un repas avec un convive détesté : peut-être, me disais-je, trouverai-je un ennemi encore plus mortel ; peut-être une offense viendra fondre sur moi d'une hauteur plus orgueilleuse…. En ce cas, tu ne te perdras pas en vain, présent de mon Isaure. Et j'avais raison, j'ai trouvé enfin l'ennemi auquel je ne puis pardonner. Un bien autre que Haydn m'a abreuvé de jouissances ineffables. Il est temps. Dernier legs de l'amour, passe aujourd'hui dans la coupe de l'amitié !

SCÈNE II.

(Une chambre dans un restaurant. — Un piano.)

MOZART et **SALIERI** *à table*.

SALIERI.

Tu parais de mauvaise humeur aujourd'hui.

MOZART.

Moi ? non.

SALIERI.

Je suis sûr, Mozart, que quelque chose te chagrine. Le dîner est bon, le vin excellent, et tu ne dis mot, tu fronces le sourcil.

MOZART.

A te dire vrai, mon *Requiem* me tourmente.

SALIERI.

Ah ! tu composes un *Requiem* ? Est-ce depuis longtemps ?

MOZART.

Depuis trois semaines. Mais une circonstance étrange.... Est-ce que je ne t'en ai rien dit?

SALIERI.

Non.

MOZART.

Écoute. — Un jour, il y a de cela trois semaines, je revins tard à la maison. L'on me dit que quelqu'un, un inconnu, était venu me demander. Je ne saurais te dire pourquoi, mais je pensai toute la nuit qui pouvait-ce être, et que voulait-on de moi? Le lendemain revint le personnage, qui, de nouveau, ne me trouva point à la maison. Le troisième jour, j'étais à jouer avec mon garçon sur le plancher; on m'appelle, je sors. Un monsieur tout vêtu de noir me salue poliment, me commande une messe de *Requiem,* et disparaît. Je me mis aussitôt à l'œuvre, et depuis ce jour mon homme noir n'est pas revenu. Mais je ne m'en plains pas, car j'aurais de la peine à cesser mon travail. D'ailleurs le *Requiem* est à peu près fini. Pourtant.... je....

SALIERI.

Quoi ?

MOZART.

J'ai honte de l'avouer.

SALIERI.

Avouer quoi ?

MOZART.

Mon homme noir ne me laisse de repos ni jour ni nuit. Il me poursuit partout comme une ombre. Même à présent, je crois voir qu'il est assis en tiers entre nous.

SALIERI.

Finis donc. Quelle crainte puérile ! Chasse cette vaine imagination. Beaumarchais me disait souvent : « Écoute, frère Salieri, quand des pensées noires te viendront, fais déboucher une bouteille de champagne, ou relis le *Mariage de Figaro.* »

MOZART.

Ah ! oui, Beaumarchais était ton ami. Tu as composé pour lui *Tarare,* une œuvre excellente. Il y a là un motif que je fredonne toujours quand je me sens heureux. Tra la la la.... A propos, Salieri, est-il vrai que Beaumarchais a empoisonné quelqu'un ?

SALIERI.

Je ne crois pas. Il était trop jovial pour un pareil métier.

MOZART.

Et puis, c'est un génie, comme toi, comme moi. Le génie et le crime sont deux choses incompatibles, n'est-ce pas?

SALIERI.

Ah! tu crois. (*Il jette le poison dans le verre de Mozart.*) Eh bien! alors.... bois.

MOZART.

A ta santé, ami! à l'affection sincère qui unit Salieri à Mozart, les deux fils de l'harmonie! (*Il boit.*)

SALIERI.

Arrête, arrête.... tu as bu sans moi.

MOZART, *jetant sa serviette sur la table.*

C'est assez. (*Il va au piano.*) Écoute, Salieri, mon *Requiem*. (*Il joue quelques morceaux.*) Eh bien! tu pleures?

SALIERI.

C'est pour la première fois que je verse de

pareilles larmes. Cela me fait mal, et cela m'est doux, comme si j'avais accompli un devoir pénible, comme si un couteau salutaire m'avait enlevé un membre malade. Ami Mozart, ces larmes.... n'y fais pas attention. Continue, hâte-toi de remplir mon âme de tes accents divins.

MOZART.

Ah! si tous sentaient ainsi la puissance de la musique! Mais non, le monde n'eût pu subsister. Personne ne se serait préoccupé des basses nécessités de la vie terrestre; tous se seraient adonnés à l'art libre. Nous sommes peu d'élus, peu de fortunés qui pouvons mépriser le gain sordide, et nous mettre en prières devant le seul beau, n'est-ce pas ?... Mais je ne me sens pas bien aujourd'hui. J'ai comme un poids qui m'étouffe. Je vais aller dormir. Adieu.

SALIERI.

Adieu. (*Mozart sort.*) Tu t'endormiras pour longtemps, Mozart. — Mais a-t-il raison? Je ne suis donc pas un génie? Le génie et le crime, a-t-il dit, sont incompatibles. Non, ce n'est pas vrai. Et Michel-Ange!... Ou bien n'est-ce qu'une invention stupide et crédule ? Et le créateur du Vatican n'a-t-il pas été un assassin ?...

LA ROUSSÂLKA

LA ROUSSÂLKA[1].

SCÈNE PREMIÈRE.

(Le rivage du Dnieper. — Un moulin.)

LE MEUNIER ET SA FILLE.

LE MEUNIER.

Voilà comme vous êtes, vous autres jeunes filles. Vous êtes toutes des sottes. Si vous avez

---

1. Dans les légendes russes, la *roussálka* est à peu près l'*ondine* des légendes allemandes, une nymphe des eaux, une sirène avec de longs cheveux verts, qui tantôt se suspend et se balance aux branches des saules, tantôt nage et glisse sur la surface des fleuves. La nuit venue, elle joue des tours aux passants, à leurs montures, à leurs trou-

eu la bonne chance de mettre la main sur un homme qui ne soit pas du commun, tâchez de le retenir. Et comment? avec une conduite sage et honnête. Il faut l'attirer, tantôt par des caresses et tantôt par des sévérités; quelquefois, d'une façon détournée, lui parler mariage, et surtout garder l'honneur virginal. C'est un trésor sans prix, et semblable à la parole, qui, une fois lâchée, ne se rattrape plus. Et si l'on vient à perdre tout espoir de mariage, il faut au moins s'assurer quelques profits, à soi ou à ses parents. On doit se dire : il ne m'aimera pas toujours; il ne sera pas toujours à me choyer. Mais bast.... vous êtes bien gens à vous mettre en tête une conduite raisonnable : tout de suite vous devenez folles; vous ne demandez pas mieux que de céder à tous ses caprices; vous êtes prêtes à vous pendre au cou de votre cher ami tout le long de la journée. Et pst.... voilà le bon ami parti, et sa trace même a disparu, et vous restez avec rien. Ah!

---

peaux; elle essaye surtout de séduire les hommes, et les fait mourir, soit en les attirant sous les eaux, soit en les chatouillant jusqu'à leur ôter la vie.

oui, vous êtes toutes des folles! Ne t'avais-je pas dit cent fois : « Eh! fillette, prends garde; ne bâille pas quand ton bonheur passe; ne laisse pas échapper le *kniaz*[1], et ne te perds pas comme une niaise. » Qu'as-tu fait de mes avis? Maintenant, te voilà plantée là, et il ne te reste qu'à pleurer éternellement ce que tu ne peux plus ravoir.

LA FILLE.

A quoi donc vois-tu qu'il m'ait abandonnée?

LE MEUNIER.

A quoi? Mais, auparavant, combien de fois venait-il à notre moulin? chaque jour de Dieu, et souvent deux fois par jour; puis, plus rarement. Et voici le neuvième jour qu'il n'est venu. Que peux-tu dire à cela?

LA FILLE.

Il est occupé. Que de soins n'a-t-il pas? Ce n'est pas un meunier, lui; ce n'est pas pour

---

1. Cet ancien titre se traduit maintenant par celui de prince. Mais ce dernier nous a paru trop nouveau pour être employé dans une ancienne légende. Nous avons conservé le titre original.

lui que l'eau travaille. Il m'a souvent dit que ses travaux étaient les plus lourds de tous.

LE MEUNIER.

Oui, crois-le. Quand les *kniaz* travaillent-ils? et qu'est-ce que leur travail? Chasser les renards et les lièvres, donner des fêtes, piller les voisins et vous séduire, vous autres pauvres filles. Voilà vraiment un homme bien à plaindre. L'eau travaille pour moi!... Mais je n'ai de repos ni jour ni nuit. Et puis, toujours à réparer : là c'est pourri, ici ça coule. Si du moins tu avais su tirer du *kniaz* quelque pauvre petit argent pour réparer mon moulin, ce serait toujours quelque chose.

LA FILLE.

Ah!...

LE MEUNIER.

Qu'est-ce?

LA FILLE.

J'entends le bruit des pas de son cheval. C'est lui! c'est lui!

LE MEUNIER.

Voyons, fille, n'oublie pas cette fois mes conseils. Souviens-toi....

LA FILLE.

Le voilà!

(*Entre le* kniaz. — *Son écuyer emmène son cheval.*)

LE KNIAZ.

Bonjour, ma bien-aimée. — Bonjour, meunier.

LE MEUNIER.

Sois le bienvenu, gracieux *kniaz*; il y a longtemps que nous n'avions vu la lumière de tes yeux. Je vais te préparer un petit repas. (*Il sort.*)

LA FILLE.

Enfin tu t'es souvenu de moi! N'as-tu pas conscience de m'avoir si longtemps tourmentée par cette cruelle attente? Que ne m'est-il pas venu à la tête? par quelles terreurs ne me suis-je pas effrayée moi-même? Tantôt je pensais que ton cheval t'avait emporté dans un marais ou dans un précipice; tantôt qu'un ours t'avait terrassé dans une forêt déserte, ou que tu étais malade, ou que tu avais cessé de m'aimer.... Grâce à Dieu, tu es sain et sauf, et tu m'aimes comme auparavant, n'est-ce pas?

LE KNIAZ.

Plus qu'auparavant, mon ange.

LA FILLE.

Tu es triste, pourtant. Qu'as-tu?

LE KNIAZ.

Je suis triste, il te semble? Oh! non! je suis toujours gai dès que je te vois.

LA FILLE.

Non! non! quand tu es gai, tu t'écries de loin, en te hâtant d'arriver : « Où est ma colombe? » Et puis tu m'embrasses, et puis tu me demandes si je suis contente de te revoir. Mais aujourd'hui tu m'écoutes en silence; tu ne me presses point dans tes bras; tu ne baises pas mes yeux. Quelque chose te trouble. Qu'est-ce donc? Serais-tu fâché contre moi?

LE KNIAZ.

Je ne veux pas feindre inutilement. Tu as deviné. Je porte dans mon cœur un lourd chagrin. Et tu ne peux ni le dissiper par tes caresses, ni le soulager, ni le partager même.

LA FILLE.

Il m'est bien dur de ne pas être chagrinée de ton chagrin. Dis-moi ton secret. Si tu le permets, je pleurerai ; si tu ne le permets pas, je te promets de ne pas te dépiter par une seule larme.

LE KNIAZ, *à part.*

Pourquoi hésiterais-je ? Le plus vite est le mieux. (*Haut.*) Ah! ma chère âme, tu sais bien qu'il n'y a pas sur la terre de félicité constante. Ni la noblesse, ni la beauté, ni la force, ni la richesse, rien ne peut éviter le malheur ici-bas. Et nous.... n'est-ce pas, ma colombe? nous avons été heureux. Moi, du moins, j'ai été heureux par ton amour, et, quoi qu'il m'arrive, où que je sois dans l'avenir, je me souviendrai toujours de toi, ma bien-aimée. Rien au monde ne saurait remplacer ce que j'aurai perdu.

LA FILLE.

Je ne comprends pas encore tes paroles, et je suis toute glacée.... Un malheur nous menace ; la séparation peut-être ?

LE KNIAZ.

Tu l'as dit ; nous devons nous séparer.

LA FILLE.

Qui nous séparera ? Ne suis-je pas la maîtresse de te suivre partout ? Je m'habillerai en garçon, je te suivrai fidèlement, en voyage, à la guerre. Je ne crains pas la guerre, pourvu que je te voie. Non, non, je ne te crois pas. Ou tu veux éprouver mes pensées, ou tu plaisantes d'une méchante plaisanterie.

LE KNIAZ.

Non; les plaisanteries ne me viennent pas à l'esprit aujourd'hui, et je n'ai nul besoin de t'éprouver. Je ne me prépare, ni pour un long voyage, ni pour la guerre; je reste à la maison, et pourtant je dois te dire adieu pour jamais.

LA FILLE.

Attends.... Maintenant je comprends tout. Tu te maries. (*Le kniaz se tait.*) Tu te maries?

LE KNIAZ.

Que faire? je m'en rapporte à toi. Les *kniaz* ne sont pas libres comme vous autres jeunes filles. Ce n'est point par le cœur qu'ils choisissent leurs compagnes, mais par les calculs d'autrui, et pour l'avantage d'autrui. Ton chagrin.... Dieu et le temps le consoleront; ne m'oublie pas. Prends en souvenir de moi cette *paviazka*¹.... Non, je vais te la mettre moi-même. Et puis, j'ai apporté ce collier; prends-le aussi. Voici encore.... c'est ce que j'ai promis à ton père. Donne-lui cela. (*Il lui met dans la main un sac plein d'or.*) Adieu!

LA FILLE.

Attends.... je dois te dire.... je ne sais plus quoi.

LE KNIAZ.

Tâche de te souvenir.

LA FILLE.

Pour toi je suis prête.... Non, ce n'est pas cela.... attends.... Il est impossible qu'en effet, et pour toujours, tu m'abandonnes.... non, ce n'est pas encore cela.... Ah! je me souviens.... Aujourd'hui, pour la première fois, ton enfant a remué sous mon cœur.

LE KNIAZ.

Malheureuse!... comment faire?... Conserve-toi du moins pour lui. Je n'abandonnerai ni ton enfant, ni toi. Avec le temps, peut-

---

1. Bandeau de jeune fille, posé sur le front et attaché derrière la tête, souvent orné de pierres précieuses.

être, je reviendrai vous voir. Console-toi, cesse de t'affliger, viens que je t'embrasse pour la dernière fois. (*S'en allant.*) Ouf! c'est fini.... je respire..., je m'attendais à un orage, mais tout s'est passé tranquillement. (*Il sort. — La fille reste immobile, les joyaux sur la tête, et le sac d'or à la main.*) -

(*Entre le meunier.*)

LE MEUNIER.

Ne nous feras-tu pas, *kniaz*, l'honneur d'entrer au moulin?... Mais où est-il donc? Dis, qu'est devenu notre *kniaz?*... Oh! oh! oh! quelle *paviazka!* toute en pierres précieuses! ça a l'air de brûler comme des cierges. Et ce collier!... ah! voilà un cadeau de tzar. Quel bienfaiteur!... Et cela, qu'est-ce? un sac. N'est-ce pas de l'argent?... Mais que fais-tu là, immobile, sans dire un mot? Serais-tu devenue folle de cette joie inattendue, ou hébétée?

LA FILLE.

Je n'y crois pas; ce ne peut pas être. Je l'ai tant aimé!... Est-ce une bête sauvage? A-t-il le cœur fauve?

LE MEUNIER.

De qui parles-tu?

LA FILLE.

Dis-moi, père, comment ai-je pu le fâcher?
Ma beauté, en une semaine, a-t-elle disparu?
Lui a-t-on donné un philtre?

LE MEUNIER.

Que veux-tu dire?

LA FILLE.

Oh! père! il est parti.... le voilà qui galope.
Et moi, folle, je l'ai laissé partir! je ne me suis
pas accrochée aux pans de son caftan; je ne
me suis pas pendue à la bride de son cheval! Que ne m'eût-il coupé les deux bras
jusqu'au coude! que ne m'eût-il écrasée sur
la place!

LE MEUNIER.

Fille, fille....

LA FILLE.

Vois-tu, les *kniaz* ne sont pas libres comme
nous autres jeunes filles; ils ne choisissent pas
leurs femmes par le cœur; mais ils sont libres,
eux, de nous courtiser, de faire des serments,

de pleurer même et de nous dire : Je te conduirai dans mon splendide *térem*[1], dans la chambre la plus secrète, et je te couvrirai de drap d'or et de velours rouge. Ils sont libres d'apprendre aux pauvres filles à se lever dès minuit à leur coup de sifflet, et à les attendre, tapies dans un coin, jusqu'à l'aurore; ils sont libres d'amuser leur cœur de *kniaz* avec nos malheurs. Ensuite.... « Adieu ! Va-t'en, ma petite colombe, va où tu voudras, aime qui te plaira.... »

LE MEUNIER.

J'entends.

LA FILLE.

Mais la fiancée.... qui est-ce? contre qui m'a-t-il échangée? Oh ! je le saurai ! j'arriverai jusqu'à elle.... je dirai à la scélérate : « Lâchenous ! tu sais bien que deux louves ne vivent pas dans le même ravin. »

LE MEUNIER.

Eh ! folle, du moment que le *kniaz* a pris

---

1. Gynécée des anciennes maisons seigneuriales en Russie.

une fiancée, qui peut l'en empêcher? Ne t'avais-je pas dit....

LA FILLE.

Et il a pu, comme un honnête homme, me dire adieu! me donner des présents, de l'argent même! Il voulait me dorer la langue pour que la mauvaise renommée de son action ne se répandît pas et n'arrivât pas jusqu'à sa jeune femme. Ah! oui... j'oubliais... il m'a chargée de te donner cet argent pour te remercier de tes complaisances, de ce que tu as permis à ta fille de se traîner à sa suite, de ce que tu n'as pas été son gardien sévère. Ma perte, tu vois, te sera profitable. (*Elle lui donne le sac d'argent.*)

LE MEUNIER, *en pleurant.*

Oh! jusqu'où ai-je vécu? et qu'a-t-il plu à Dieu de me faire entendre? C'est un péché à toi de faire un si amer reproche à ton propre père. Je n'ai que toi dans le monde; tu es la seule consolation de ma vieillesse; comment pouvais-je être sévère envers toi? Ne suffit-il pas que Dieu m'ait ainsi puni de ma faiblesse?

LA FILLE.

Oh! j'étouffe.... un froid serpent me serre la gorge.... C'est un serpent, non un collier qu'il m'a mis autour du cou. (*Elle arrache le collier.*) Voilà comment je voudrais te déchirer, serpent venimeux, toi, maudite, qui nous a séparés!...

LE MEUNIER.

Tu délires, fille.

LA FILLE, *ôtant sa paviazka.*

Voici ma couronne, la couronne de ma honte! c'est avec elle que nous a couronnés l'ennemi perfide[1], quand j'ai renié ce que j'avais si chèrement gardé jusque-là. Nous voici découronnés[2]. Péris, infâme couronne! (*Elle la lance dans le fleuve.*) Et moi avec toi. (*Elle s'y jette.*)

LE MEUNIER, *tombant évanoui.*

Oh! malheur! malheur!

---

1. Le démon.
2. Ce mot, en russe, signifie également démariés, à cause de l'usage toujours pratiqué de couronner à l'église le mari et la mariée.

SCÈNE II.

Le térem du kniaz. — Une noce. — Les jeunes époux sont assis à table. — Des convives. — Un chœur de jeunes filles.)

LE SVAT[1].

Nous venons de célébrer une gentille petite noce. — Salut à vous, *kniaz* et jeune *kniaguigna*; que Dieu vous accorde de vivre en parfait amour et en bon conseil, et qu'il nous accorde à nous de venir souvent à vos fêtes. — Eh bien! jolies fillettes, pourquoi vous taisez-vous? pourquoi vous tenez-vous en place, mes blanches colombes? Avez-vous chanté toutes vos chansonnettes? ou vos gosiers sont-ils déjà desséchés?

---

1. Le *svat* et la *svatkha*, l'un toujours garçon, l'autre toujours mariée, sont les entremetteurs officiels du mariage, et ils président à la noce.

LE CHOEUR DES JEUNES FILLES, *chantant*.

O *svat!* petit *svat*, *svat* sans cervelle, tu es allé chercher la fiancée, et tu es entré au potager. Tu as renversé ton tonneau de bière, et tu as mouillé tous les choux; tu as salué la haie, et tu as imploré la porte. Porte, ma petite porte, montre-moi le chemin qui mène à la fiancée. Aie plus d'esprit, *svat;* mets la main à ta bourse; l'argent remue; il veut aller aux poches des jeunes filles.

LE SVAT.

Railleuses! quelle chanson vous avez choisie là! Allons, prenez, et ne riez plus du *svat*. (*Il distribue de l'argent aux jeunes filles.*)

UNE VOIX[1].

Sur les petits cailloux, sur le sable doré, court une rapide rivière; dans la rapide rivière nagent deux petits poissons, deux petites tanches. « As-tu appris, ma sœur, les nouvelles de notre rivière? sais-tu qu'une jeune fille s'est noyée chez nous hier soir, et qu'en se noyant elle a maudit son bien-aimé? »

---

1. Ce chant est en très-petits vers.

LE SVAT.

Mais, mes belles fillettes, qu'est-ce que cette chanson? Ce n'est pas une chanson de noce. Qui l'a choisie?

LES JEUNES FILLES.

Pas moi, ni moi, ni moi.

LE SVAT.

Qui donc l'a chantée? (*Chuchotements et confusion parmi les jeunes filles.*)

LE KNIAZ.

Je sais qui, moi. (*Il se lève de table, et dit à voix basse à son écuyer.*) La fille du meunier est ici; fais-la sortir sur-le-champ, et sache qui a osé la faire entrer. (*L'écuyer pénètre dans le groupe des jeunes filles.*)

LE KNIAZ, *à part*.

Elle est capable de faire ici un tel scandale que je ne saurais où me cacher de honte.

L'ÉCUYER.

Je ne l'ai pas trouvée.

LE KNIAZ.

Cherche-la, je suis sûr qu'elle est ici. C'est elle qui a chanté cette chanson.

UN CONVIVE.

Voilà de l'hydromel ! il vous frappe à la tête et aux jambes à la fois. Malheureusement il est amer ; il faudrait l'adoucir[1]. (*Les époux s'embrassent. — On entend un faible cri.*)

LE KNIAZ, *à part.*

C'est elle ! c'est son gémissement jaloux. (*A son écuyer.*) Eh bien ?

L'ÉCUYER.

Je ne la trouve nulle part.

LE KNIAZ.

Sot !

LE SVAT, *se levant.*

Ne serait-il pas temps de livrer l'épouse au mari, et de les arroser de houblon sur le seuil de la porte ? (*Tous se lèvent.*)

LA SVATKHA.

Oui, il est temps, donnez-moi le coq. (*On fait manger aux époux un coq rôti et on les arrose de houblon*[2].)

---

1. Aux noces russes, si quelqu'un parle d'une chose amère, les époux doivent s'embrasser.
2. Le houblon, le coq et les trois gerbes de froment, de seigle et d'avoine sur lesquelles se dresse le lit nuptial, sont des souhaits de fécondité.

LA SVATKHA.

Ma petite âme, ma kniaguigna, ne pleure point, ne crains pas, sois bien obéissante. (*Les époux s'éloignent; tous les suivent, à l'exception du* svat *et de la* svatkha.)

LE SVAT.

Où est la coupe? J'aurai toute la nuit à faire la sentinelle à cheval sous les fenêtres de la mariée. Il est juste que je me fortifie d'un verre de vin.

LA SVATKHA, *lui versant une rasade.*

Grand bien te fasse!

LE SVAT.

Merci. — Tout a bien marché, n'est-ce pas?

LA SVATKHA.

Oui, Dieu en soit loué. Et pourtant....

LE SVAT.

Eh bien?

LA SVATKHA.

Cette chanson qui n'est pas une chanson de noce, et qui est sortie on ne sait d'où, ne promet rien de bon.

LE SVAT.

Ces filles!... il leur est impossible de ne pas faire quelque sottise. Pourquoi s'avisent-elles de troubler exprès une noce de *kniaz?*

SCÈNE III.

(Une chambre dans le térem du kniaz.)

LA KNIAGUIGNA et SA NOURRICE.

LA KNIAGUIGNA.

Oh!... le cor a sonné.... Non, il ne revient pas. Ah! nourrice, tant qu'il était mon fiancé, il ne s'éloignait point d'un pas, il ne me quittait point des yeux. Depuis le mariage, tout a changé. Maintenant il me réveille avant le jour pour faire seller son cheval, et Dieu sait où il reste jusqu'à la nuit. Et quand il revient, c'est à peine s'il me dit une parole caressante, à peine s'il touche d'une main distraite mon blanc visage.

LA NOURRICE.

Ah! ma petite *Kniaguigna*, un homme est

comme un coq, il fait *cocorico*, bat deux coups d'ailes, et le voilà loin. Tandis que la femme est comme une pauvre poule : tiens-toi assise sur ton panier, et couve tes poussins. Un homme.... tant que ça est un fiancé, ça ne dort ni ne boit, ça n'a pas assez d'yeux pour vous regarder. Dès que c'est marié, voilà les soucis qui viennent de toutes parts. Tantôt les voisins qu'il faut visiter, tantôt les faucons qu'il faut mener à la chasse ; ou bien encore le diable les pousse à la guerre. Ils ont bien le temps de rester à la maison !

LA KNIAGUIGNA.

Qu'en penses-tu ? N'aurait-il pas quelque secrète blessure au cœur ?

LA NOURRICE.

Tais-toi, ne renie pas Dieu : qui pourrait s'égaler à toi ? Tu as tout, beauté, esprit, et tu sais bien tous les usages. Penses-y toi-même, ma petite mère ; où pourrait-il trouver un trésor tel que toi ?

LA KNIAGUIGNA.

Si Dieu avait voulu écouter mes prières, s'il m'avait donné des enfants, j'aurais bien su le rappeler à moi. Ah!... la cour est pleine de chasseurs.... Mon mari est de retour à la maison. Pourquoi ne le vois-je point. (*Entre un écuyer.*) Où est le *kniaz*?

L'ÉCUYER.

Le *kniaz* nous a ordonné de revenir à la maison.

LA KNIAGUIGNA.

Où est-il lui-même?

L'ÉCUYER.

Il est resté seul sur les bords du Dnieper.

LA KNIAGUIGNA.

Et vous avez osé laisser là, seul, votre maître? Voilà de fidèles serviteurs! Retournez à l'instant, retournez au galop, et dites-lui que c'est moi qui vous envoie. (*L'écuyer sort.*) Ah! grand Dieu, seul, la nuit, dans la forêt où peuvent errer une bête féroce, un méchant homme ou l'esprit des bois. Nourrice, va vite allumer un cierge devant les saintes images.

LA NOURRICE.

J'y cours, ma lumière, j'y cours.

SCÈNE IV.

(Le Dnieper. — La nuit.)

CHOEUR DE ROUSSALKAS.

« En foule allègre et silencieuse, dès que vient la nuit, nous remontons des profondeurs du fleuve pour nous chauffer aux rayons de la lune. »

« Il nous est doux de quitter la sombre vase; il nous est doux de percer la cime des flots de nos libres fronts, de nous renvoyer nos voix l'une à l'autre, en agitant l'air sonore, et de sécher, en les secouant, nos longs cheveux humides et verts. »

UNE ROUSSALKA.

Silence! un petit oiseau a frémi sous un buisson dans les ténèbres.

UNE AUTRE.

Entre la lune et nous, quelqu'un a marché sur la terre. (*Elles rentrent toutes sous les flots.* — *Entre le* kniaz.)

LE KNIAZ.

Une force inconnue me ramène involontairement sur ce triste rivage. — Je les reconnais bien tous ces objets qui m'entourent. Voilà le moulin, déjà en ruines; le bruit joyeux de ses roues a cessé; depuis longtemps s'est arrêtée la meule, sans doute le vieillard est mort aussi; aura-t-il longtemps pleuré sa pauvre fille ? Un sentier serpentait ici. L'herbe y pousse, il y a longtemps que personne n'y a marché. Ici, c'était un petit jardin, avec sa haie. Est-il possible qu'il ait poussé jusqu'à devenir ce bois touffu ? Ah! voilà aussi le chêne des rendez-vous. C'est ici qu'un jour, m'ayant jeté les bras au cou, elle pencha la tête et se tut. Est-ce bien sûr? (*Il s'avance vers les arbres.* — *Des feuilles tombent.*) Qu'est-ce que cela veut dire? Je vois les feuilles tout à coup flétries, tout à coup brûlées, tomber bruyamment sur moi comme la pluie. Et le chêne se dresse devant moi, nu et noir, comme un arbre maudit. (*Entre un vieillard en haillons.*)

LE VIEILLARD.

Bonjour, bonjour, mon gendre.

LE KNIAZ.

Qui es-tu ?

LE VIEILLARD.

Je suis le corbeau d'ici.

LE KNIAZ.

Est-ce possible !... c'est le meunier.

LE VIEILLARD.

Quel meunier veux-tu dire? J'ai vendu mon moulin aux diables qui se cachent derrière le poêle, et j'ai donné tout l'argent à ma puissante fille, la *Roussâlka*. Le meunier est enterré dans le sable du Dnieper, et un poisson qui n'a qu'un œil le garde avec vigilance.

LE KNIAZ.

Le malheureux ! il est fou. Ses pensées se sont dissipées comme les nuages après une tempête.

LE VIEILLARD.

Pourquoi n'es-tu pas venu hier soir? C'était

fête chez nous, et nous t'avons longtemps attendu.

LE KNIAZ.

Qui m'attendait ?

LE VIEILLARD.

Belle question ! ma fille. Tu sais bien, je vois tout, je regarde à travers mes doigts, et je vous laisse pleine liberté. Qu'elle reste avec toi toute la nuit, jusqu'au troisième chant du coq, je ne souffle mot.

LE KNIAZ.

Pauvre meunier !

LE VIEILLARD.

Mais je te dis que je suis un corbeau, et non un meunier. C'est même un cas étrange. Quand elle s'est jetée à la rivière, tu t'en souviens, je me mis à courir après elle, et je voulus me jeter du haut de ce rocher que tu vois là-bas. Mais aussitôt je sentis deux puissantes ailes me pousser sur les épaules et me retenir dans les airs. Depuis ce temps, je vole çà et là par ici. Tantôt je becquette une vache morte, tantôt je me pose sur une fosse, et je me mets à croasser tout mon soûl.

LE KNIAZ.

Quelle pitié! Qui donc prend soin de toi?

LE VIEILLARD.

Oui, il est juste qu'on prenne soin de moi, car je suis devenu vieux, et quelque peu enfant. Heureusement, la *Roussâlotchka* se fait ma bonne.

LE KNIAZ.

Qui?

LE VIEILLARD.

Ma petite-fille.

LE KNIAZ.

Il est impossible de le comprendre. Vieillard, dans ce bois, ou tu mourras de faim, ou tu seras mangé des bêtes. Ne veux-tu pas venir dans mon *térem*, vivre avec moi?

LE VIEILLARD.

Dans ton *térem*?... grand merci! Tu m'y attireras, et ce sera pour m'étrangler avec un collier de perles. Ici, je vis libre et je suis rassasié. Je ne veux pas de ton *térem*. (*Il sort.*)

LE KNIAZ.

C'est moi qui suis la cause.... Oh! qu'il est terrible de perdre la raison! Mieux vaut mou-

rir! Un mort, nous le regardons avec respect;
tous, nous prions pour lui; car la mort l'a fait
l'égal du plus grand d'entre nous. Mais l'homme
qui a perdu la raison cesse d'être homme. C'est
vainement que la parole lui reste. Il ne dirige
plus les mots qu'il prononce. L'animal retrouve
en lui son égal, et lui ne connaît point l'animal. Le fou est en risée aux hommes. Chacun est devenu son maître, et Dieu même
ne le juge plus. Malheureux vieillard! sa
vue a ranimé en moi toutes les plaies du
repentir.

L'ÉCUYER, *entrant avec une suite.*

Le voilà! C'est à grand'peine que nous l'avons
trouvé.

LE KNIAZ.

Pourquoi êtes-vous revenus?

L'ÉCUYER.

C'est la *Kniaguigna* qui nous envoie; elle
craignait pour toi.

LE KNIAZ.

Sa sollicitude m'est insupportable. Suis-je
donc un enfant, que je ne puis faire un pas
sans avoir une bonne à mes trousses? *(Ils sor-*

tent tous. — Les Roussâlkas se montrent à la surface de l'eau.)

LE CHŒUR.

Holà! mes sœurs, ne faut-il pas les poursuivre dans la steppe immense, effrayer leurs chevaux par nos éclats de rire, nos sifflements et le clapotement de l'eau? Non, il est tard; les flots se refroidissent; les coqs ont chanté dans le lointain; seul, le haut du firmament est sombre, et la lune plonge à l'horizon.

UNE ROUSSALKA.

Attendons encore, mes sœurs.

UNE AUTRE.

Non, il est temps, il est temps. Notre reine nous appelle, notre sœur aînée si sévère. *(Elles disparaissent sous l'eau.)*

SCÈNE V.

(Le fond du Dnieper. — Le térem des Roussâlkas.
Elles filent autour de leur reine.)

LA REINE.

Laissez votre ouvrage, sœurs. Le soleil s'est couché, la lune brille au-dessus de nous. C'est assez. Nagez en haut, pour vous ébattre à ciel ouvert. Mais ne tourmentez personne aujourd'hui. Ne chatouillez point les passants; n'alourdissez pas les filets des pêcheurs avec de la vase et des algues, et n'attirez pas les enfants dans l'eau par des récits de petits poissons d'argent. (*Entre la Roussâlotchka, sa fille.*) D'où viens-tu ?

LA ROUSSALOTCHKA.

J'ai été sur la rive pour visiter grand-père. Il m'avait priée, hier soir, de ramasser au fond de l'eau l'argent qu'il y avait jeté naguère. Longtemps je l'ai cherché; mais je ne sais pas ce que c'est que l'argent. Je lui ai porté une pleine poignée de coquillages bigarrés.

LA REINE.

L'avarice seule a survécu chez lui. Écoute, fille, aujourd'hui je compte sur toi. Un homme va venir sur le rivage; épie-le, et sors de l'eau à sa rencontre. Il nous est proche; il est ton père.

LA ROUSSALOTCHKA.

Celui-là qui t'a abandonnée pour épouser une mortelle?

LA REINE.

Lui-même. Fais-lui tes plus gentilles caresses, et raconte-lui tout ce que tu sais de moi. S'il te demande : « Ne m'a-t-elle pas oublié? » dis-lui que je me le rappelle, que je l'aime et que je l'attends. Tu m'as comprise?

LA ROUSSALOTCHKA.

Oh! oui, je t'ai bien comprise.

LA REINE.

Va donc. (*Elle reste seule.*) Depuis le moment où, folle, je me suis jetée dans la rivière comme une fille abandonnée et méprisée; depuis le moment où, dans le fond du Dnieper, je me suis retrouvée une *Roussâlka* puissante et froide, je médite chaque jour ma vengeance, et il me semble qu'enfin l'heure est venue.

SCÈNE VI.

(La rive du Dnieper.)

LE KNIAZ.

Me voilà ramené dans ces lieux. Tout me rappelle ici le passé, tout me rappelle la douce et triste légende de ma belle jeunesse. Ici, naguère libre, venait un libre amour. J'étais heureux alors! Insensé! ai-je pu si étourdiment repousser ce bonheur? Ce que j'ai vu ici hier ne me sort plus de l'esprit. Malheureux père! qu'il est horrible à voir! peut-être vais-je encore le rencontrer aujourd'hui. Peut-être voudra-t-il consentir à quitter la forêt pour habiter avec moi.... (*La Roussâ-*

lotchka sort de l'eau.) Que vois-je ? Qui es-tu ? d'où sors-tu, charmante enfant ?

On pourrait croire, et beaucoup croient en effet, que Pouchkine a laissé ce petit drame inachevé. Mais si l'on se rappelle que, dans la scène précédente, le dénoûment est préparé et annoncé, l'on conviendra qu'il était inutile de le mettre en action, et que, surtout pour un poëme fantastique, il valait mieux laisser à l'imagination du lecteur le soin de conclure et de se représenter la vengeance de la *Roussálka*.

L'INVITÉ DE PIERRE

L'INVITÉ DE PIERRE.

> O statua gentilissima
> Del gran commendatore....
> Ah ! padrone....
> (Don Giovanni.)

SCÈNE PREMIÈRE.

(Le soir. — Un cimetière près de Madrid.)

DON JUAN, LEPORELLO.

DON JUAN.

Attendons ici que la nuit vienne. — Ouf ! nous voici enfin aux portes de Madrid[1]. Bien-

---

1. Pouchkine fait comme Molière, qui met la scène du *Festin de pierre* en Sicile, et fait causer son héros avec des paysannes picardes. Il ne s'est pas rappelé davantage que

tôt je volerai à travers ses rues si connues de moi, la cape sur les moustaches et le chapeau sur les sourcils. On ne peut pas me reconnaître, n'est-ce pas?

LEPORELLO.

Oh, non! Don Juan est si facile à déguiser! il y en a tant qui lui ressemblent!

DON JUAN.

Tu plaisantes. Mais qui donc pourrait me reconnaître?

LEPORELLO.

Mais le premier alguazil venu, un bohémien, un musicien ivre, un cavalier pimpant comme nous, qui passerait en manteau, le masque au visage et l'épée sous le bras.

DON JUAN.

Eh! que m'importe qu'on me reconnaisse? Pourvu que je ne rencontre pas le roi, je ne crains personne à Madrid.

---

l'aventure de don Juan Tenorio avec le commandeur de Ulloa s'est passée à Séville, et qu'à l'époque où la légende place cette aventure, c'est-à-dire vers le règne de Jean II, Madrid n'était encore qu'un village inconnu.

LEPORELLO.

Et dès demain le roi saura que don Juan est revenu, sans permission, de son exil. Dites, que pensez-vous qu'il vous fera?

DON JUAN.

Il me renverra, voilà tout. Certes, on ne me coupera pas la tête; je ne suis pas un criminel d'État. Il ne m'a éloigné que par intérêt pour moi, pour que la famille du tué me laisse en repos.

LEPORELLO.

Alors, pourquoi n'êtes-vous pas resté tranquillement là-bas?

DON JUAN.

Serviteur. J'ai manqué y mourir d'ennui. Quels hommes! quelle terre! et le ciel! pure fumée. Et les femmes! Je n'échangerais pas, vois-tu, mon Leporello, la dernière paysanne d'Andalousie contre les plus fières beautés de ce pays-là. Je te le jure. Au commencement, elles me plaisaient par leurs yeux bleus, par la blancheur de leur teint, par leur modestie, et surtout parce que ce m'était nouveau. Mais, Dieu merci, j'ai bientôt reconnu qu'en elles il n'y a pas de vie. Ce sont des poupées de cire, tandis que les nôtres.... Mais, dis-moi, il me semble que cet endroit ne m'est pas inconnu. Le reconnais-tu, toi?

LEPORELLO.

Comment ne pas le reconnaître? Puis-je avoir oublié le couvent de Saint-Antoine? Vous alliez là, vous, tandis que je tenais les chevaux dans ce petit bosquet. C'était une maudite charge, et vous passiez le temps plus gaiement que moi.

DON JUAN, *avec mélancolie.*

Pauvre Inès! elle n'est plus. Comme je l'aimais!

LEPORELLO.

Ah! Inès, celle aux yeux noirs, vous l'avez courtisée, celle-là, trois mois entiers! Le malin ne vous est venu en aide qu'à grand'peine.

DON JUAN.

Une nuit.... en juillet.... je trouvais un charme indicible dans son regard troublé et ses lèvres timides.... C'est étrange! je me souviens que tu ne la trouvais pas belle. En effet, elle avait peu de véritable beauté. Mais ses yeux, ses seuls yeux.... jamais, depuis, je n'ai rencontré pareil regard. Elle avait une voix douce et faible comme celle d'une malade. Son mari était un méchant vaurien. Je l'ai su trop tard!... je l'ai su trop tard!

LEPORELLO.

Eh bien, après elle, il en est venu d'autres.

DON JUAN.

C'est vrai.

LEPORELLO.

Et, tant que nous serons vivants, il en viendra d'autres.

DON JUAN.

C'est encore vrai.

LEPORELLO.

Laquelle de ces dames allons-nous chercher maintenant à Madrid?

DON JUAN.

Oh! Laura. Je cours droit chez elle.

LEPORELLO.

Bien parlé.

DON JUAN.

J'entre par la porte, et si quelqu'un est chez elle, il n'aura qu'à sauter par la fenêtre.

LEPORELLO.

Certainement. Ah! nous avons retrouvé notre gaieté. Les défuntes ne nous troublent pas longtemps l'esprit. — Qui vient ici?

(*Entre un moine.*)

LE MOINE.

Elle va venir. — Qui est là? N'êtes-vous point les gens de doña Ana?

LEPORELLO.

Non, nous sommes nos propres seigneurs. Nous nous promenons.

DON JUAN.

Qui attendez-vous?

LE MOINE.

Doña Ana doit arriver à l'instant pour prier sur la tombe de son mari.

DON JUAN.

Doña Ana de Silva? Serait-ce la femme du commandeur tué par.... je ne sais qui?

LE MOINE.

Par le dépravé, l'impie et le sans conscience don Juan.

LEPORELLO.

Ah! voilà comme vous parlez? La renommée

de don Juan a pénétré jusque dans votre paisible monastère ? Les reclus chantent ses louanges ?

LE MOINE.

Le connaîtriez-vous, par hasard ?

LEPORELLO.

Nous ? pas le moins du monde. Où peut-il être à présent ?

LE MOINE.

Pas ici, heureusement. Il est loin, dans l'exil.

LEPORELLO.

Grâce à Dieu ! Plus il sera loin, mieux ce sera. Moi, j'aurais mis tous ces hommes dépravés dans un sac, et à la mer.

DON JUAN.

Qu'est-ce que tu radotes ?

LEPORELLO, *bas.*

Taisez-vous ; je le fais exprès.

DON JUAN.

C'est donc ici qu'on a enterré le commandeur ?

LE MOINE.

C'est ici. Sa veuve lui a fait élever un magnifique mausolée. Elle y vient chaque jour pleurer et prier pour l'âme du défunt.

DON JUAN.

Quelle étrange veuve! et pourtant il était jaloux; il la tenait sous clef; personne ne la pouvait voir. Est-elle jolie, du moins?

LE MOINE.

Nous autres solitaires, nous ne devons pas nous laisser frapper par la beauté féminine. Mais mentir est pécher, et un saint même du paradis ne saurait disconvenir de sa beauté merveilleuse.

DON JUAN.

Je voudrais bien lui parler.

LE MOINE.

Oh! doña Ana ne parle jamais à un homme.

DON JUAN.

Et à vous, mon père?

LE MOINE.

A moi, c'est autre chose; je suis un moine. Mais la voici.

(*Entre doña Ana.*)

DOÑA ANA.

Mon père, ouvrez la grille.

LE MOINE.

A l'instant, señora; je vous attendais. (*Doña Ana passe, et suit le moine.*)

LEPORELLO *à don Juan.*

Eh bien, comment vous paraît-elle?

DON JUAN.

On ne la voit point du tout sous ce long voile de veuve. C'est à peine si j'ai pu remarquer un talon mignon.

LEPORELLO.

Cela vous suffit; votre imagination trouvera le reste. Vous l'avez plus rapide que le plus habile peintre. Il vous est indifférent de commencer par le coin du sourcil ou par le bout du pied.

DON JUAN.

Écoute, Leporello, je veux la connaître.

LEPORELLO.

C'est bien dit, c'est parfait! (*A part.*) Il a jeté le mari sur le carreau, et il veut voir comment pleure la veuve, le sans conscience.

DON JUAN.

Mais la nuit est venue. Entrons à Madrid

avant que la lune, en se levant, ait changé les ténèbres en une brume transparente.

LEPORELLO, *à part.*

Un grand d'Espagne attendre la nuit comme un voleur, et craindre la lune! Oh! grand Dieu, quelle maudite vie! Faudra-t-il la mener encore longtemps? Mes forces sont à bout! (*Ils sortent.*)

SCÈNE II.

Appartement de Laura. — Un souper, des convives.

PREMIER CONVIVE.

Je te le jure, Laura, tu n'as jamais joué avec une telle perfection. Comme tu as bien compris ton rôle!

SECOND CONVIVE.

Et comme tu l'as développé! avec quelle énergie!

TROISIÈME CONVIVE.

Avec quel art!

LAURA.

Oui, aujourd'hui, chaque mouvement, chaque parole m'a réussi. Je m'abandonnais librement à mon inspiration. Les mots coulaient, comme si ce n'était pas la mémoire

docile qui les produisît, mais mon propre
cœur.

PREMIER CONVIVE.

C'est vrai. Maintenant encore tes yeux brillent, tes joues sont animées; maintenant encore ton enthousiasme n'est pas éteint. Laura, ne le laisse pas se dissiper dans le vide; chante-nous quelque chanson.

LAURA.

Donnez-moi ma guitare. (*Elle chante.*)

« Je suis ici, Inésille, je suis sous ton balcon; les ombres de la nuit couvrent Séville.

« Le cœur bouillant de désirs, enveloppé d'un manteau, je suis ici, la guitare à la main et l'épée au côté.

« Dors-tu? ma guitare te réveillera. Le vieux s'éveille-t-il? mon épée l'enverra dormir.

« Accroche à ta fenêtre les lacets de soie. Tu ne réponds pas, tu hésites.... Y aurait-il un rival ici? »

TOUS.

Bravo, bravo! admirable, parfait!

PREMIER CONVIVE.

Nous te remercions, fée enchanteresse. Tu

nous transportes le cœur. Des jouissances de la vie, la musique ne le cède qu'à l'amour. Et l'amour aussi n'est qu'une mélodie. Regarde : Carlos lui-même est touché, ton sombre convive.

SECOND CONVIVE.

Quels accents divins ! Comme ils sont pleins d'âme ! De qui sont les paroles, Laura ?

LAURA.

De don Juan.

DON CARLOS.

De don Juan !

LAURA.

Oui, ces couplets furent composés naguère par mon fidèle ami, par mon volage amant.

DON CARLOS.

Ton don Juan est un infâme, un impie ; et toi, tu es une sotte.

LAURA.

Es-tu fou ? Je vais ordonner à mes gens, bien que tu sois grand d'Espagne, de te couper la gorge.

DON CARLOS.

Appelle-les.

PREMIER CONVIVE.

Laura, finis donc. — Don Carlos, ne vous fâchez pas. Elle a oublié....

LAURA.

Qu'ai-je oublié? que don Juan, dans un duel loyal, a tué le propre frère de don Carlos? Il est vraiment dommage que ce n'ait pas été lui-même.

DON CARLOS.

J'ai eu tort de me fâcher.

LAURA.

Ah! tu reconnais avoir eu tort? Eh bien, faisons la paix.

DON CARLOS.

Pardon, Laura; j'ai eu tort. Mais tu sais que je ne puis entendre ce nom de sang-froid.

LAURA.

Est-ce ma faute si ce nom me vient à chaque instant sur les lèvres? Pourquoi ne me le faites-vous pas oublier?

PREMIER CONVIVE.

Voyons, pour prouver que tu n'es plus du tout fâchée, Laura, chante-nous un autre morceau.

LAURA.

Bien, mais ce sera un chant d'adieu, il est tard. Que vous chanterai-je? (*Elle chante.*)

TOUS.

Admirable, délicieux!

LAURA.

Adieu, seigneurs.

LES CONVIVES.

Adieu, Laura. (*Ils sortent. — Laura retient don Carlos.*)

LAURA.

Toi, furieux, reste chez moi. Tu m'as plu, tu m'as rappelé don Juan, en m'appelant sotte et en grinçant des dents.

DON CARLOS.

Heureux homme! Tu l'as donc aimé? (*Laura fait un signe de tête.*) Beaucoup?

LAURA.

Beaucoup.

DON CARLOS.

Et tu l'aimes encore maintenant?

LAURA.

Maintenant, non, je ne l'aime plus. Je ne

puis en aimer deux à la fois. Maintenant c'est toi que j'aime.

DON CARLOS.

Dis-moi, Laura, quel âge as-tu ?

LAURA.

Dix-huit ans.

DON CARLOS.

Tu es jeune, et tu seras jeune encore cinq, six années. Cinq, six années encore, ils vont se presser autour de toi, t'aduler, te faire des cadeaux, t'amuser par des sérénades, et se tuer pour toi les uns les autres, la nuit, dans les carrefours. Mais quand le temps aura marché, quand tes yeux se creuseront, que tes paupières se faneront, et que le premier cheveu gris brillera dans ta tresse noire, quand enfin on t'appellera vieille; alors, que feras-tu ?

LAURA.

Alors.... pourquoi penser à cela ? Quelle conversation ! As tu toujours de pareilles pensées ? Viens, ouvre le balcon. — Que le ciel est pur ! L'air tiède est immobile; la nuit sent le citron et le laurier; la lune étincelante resplendit sur l'azur sombre et doux, et les crieurs de nuit proclament à voix prolongée que le temps est serein. Peut-être, bien loin d'ici, à Paris, le ciel est couvert de nuages; il tombe une pluie froide, et le vent souffle avec rage. Eh bien! que nous importe? Écoute, Carlos, j'exige que tu souries.... Voyons.... Ah! c'est bien.

DON CARLOS.

Charmant démon!

(*On entend frapper à la porte. — La voix de don Juan,* Laura!)

LAURA.

Qui est-ce? quelle est cette voix?

LA VOIX DE DON JUAN.

Ouvre.

LAURA.

Serait-ce?... Dieu! (*Elle ouvre la porte; don Juan entre; elle se jette à son cou et s'écrie :*) Don Juan!

DON CARLOS.

Quoi? Don Juan?

DON JUAN, *la serrant dans ses bras.*

Laura, chère amie! — Qui est chez toi?

DON CARLOS.

Don Carlos.

DON JUAN.

Voilà une rencontre inattendue ! Demain, je suis à vos ordres.

DON CARLOS.

Non, à l'instant même.

LAURA.

Don Carlos, finissez. Vous n'êtes pas dans la rue, vous êtes chez moi. Prenez la peine de sortir.

DON CARLOS, *sans écouter Laura.*

J'attends. Vous avez votre épée?

DON JUAN.

Si vous ne pouvez prendre patience.... (*Ils se battent.*)

LAURA.

Aïe! aïe! Juan! (*Elle jette sa tête dans ses mains. — Don Carlos tombe.*)

DON JUAN.

Lève-toi, Laura, c'est fini.

LAURA.

Qu'est-ce? il est tué?... Dans ma chambre.... Que ferai-je maintenant, démon, écervelé? Où le mettrai-je?

DON JUAN, *se penchant sur don Carlos.*

Il est peut-être encore vivant?

LAURA.

Oui, vivant! Regarde, maudit : tu l'as frappé droit au cœur. Tu as eu bien soin de ne pas frapper autre part. Le sang ne coule déjà plus de sa petite blessure triangulaire; il ne respire plus. Quel coup!

DON JUAN.

Que veux-tu? il l'a voulu lui-même.

LAURA.

Ah! don Juan.... toujours le même! D'où viens-tu? Y a-t-il longtemps que tu es ici?

DON JUAN.

J'arrive, et en secret. Je n'ai pas encore ma grâce....

LAURA.

Et sur-le-champ tu t'es souvenu de ta Laura? C'est bien. Mais je ne te crois pas. Tu seras passé dans la rue, et tu auras reconnu ma maison.

DON JUAN.

Non, ma Laura, demande à Leporello. J'ai mis pied à terre hors de la ville, dans une méchante auberge, et je suis venu chercher ma Laura dans tout Madrid. (*Il veut l'embrasser.*)

LAURA, *l'arrêtant.*

Oh! mon ami!... là, devant le mort.... Qu'allons-nous faire de lui?

DON JUAN.

Laisse-le; avant le jour, je l'emporterai sous mon manteau, et le mettrai dans un carrefour.

LAURA.

Prends garde qu'on ne te voie. Que tu as bien fait de ne pas venir un instant plus tôt! Tes amis ont soupé chez moi. Si tu les avais trouvés?

DON JUAN.

Y avait-il longtemps que tu l'aimais?

LAURA.

Qui? tu rêves.... Qui?

DON JUAN.

Je ne rêve pas. Combien de fois m'as-tu trahi depuis mon absence?

LAURA.

Et toi, mauvais garnement?

DON JUAN.

Moi?... Nous parlerons de cela plus tard.

SCÈNE III.

(Le mausolée du commandeur.)

DON JUAN *seul, en habit de moine.*

Tout va pour le mieux. Ayant tué, sans le vouloir, ce pauvre don Carlos, je suis venu me cacher ici sous le froc d'un humble cénobite, et je vois chaque jour la charmante veuve. Il me semble qu'elle m'a remarqué. Jusqu'à présent, nous n'avons pas osé nous aborder; mais aujourd'hui je veux entamer la négociation. Il en est temps. Par où vais-je commencer? Oserai-je.... Non.... Señora.... Bah! je dirai sans tant d'apprêts ce qui me passera par la tête, en véritable improvisateur du chant d'amour. Il est temps qu'elle arrive; et je pense que le commandeur s'ennuie à l'attendre. Sous quelle forme de géant il est représenté! Quelles épaules! Un vrai Hercule! Et pourtant le défunt, il était petit et malingre. Ici, même en se dressant sur la pointe des pieds, il aurait eu grand'peine à toucher le bout de son nez. Quand nous nous rencontrâmes derrière l'Escorial, il se heurta sur mon épée, et trépassa comme un papillon fiché dans une épingle. Mais il était hardi et fier; il avait l'âme hautaine.... Ah! la voilà!

DOÑA ANA.

(*A part.*) Il est encore ici. (*Haut.*) Mon père, je crains de vous avoir troublé dans vos méditations. Excusez-moi.

DON JUAN.

C'est moi qui dois vous prier, señora, de me pardonner. J'empêche peut-être votre tristesse de s'épancher en liberté.

DOÑA ANA.

Non, mon père; toute ma tristesse est en moi. Mon humble prière peut s'élever au ciel en votre présence. Je vous demanderai même d'y joindre les vôtres.

DON JUAN.

Moi, que je prie avec vous, doña Ana! Je ne suis pas digne d'un pareil sort. Je n'oserais jamais répéter de mes lèvres impures votre sainte prière. Il me suffit de vous regarder de loin, avec recueillement, lorsque, après vous être lentement penchée, vous répandez sur le marbre pâle les noires boucles de vos cheveux. Il me semble alors que cette tombe est secrètement visitée par un ange, et je ne trouve plus de prière dans mon cœur troublé. J'admire en silence, et je pense tout bas : Heureux celui dont le froid sépulcre est réchauffé par son souffle angélique et arrosé par les chastes pleurs de son amour!

DOÑA ANA.

Quelles paroles étranges!

DON JUAN.

Señora!

DOÑA ANA.

A moi?... vous oubliez....

DON JUAN.

Quoi? que je suis un indigne reclus? que ma voix pécheresse ne doit pas oser retentir ici?

DOÑA ANA.

Il m'a semblé.... j'ai cru comprendre....

DON JUAN.

Ah! je le vois, vous avez tout deviné.

DOÑA ANA.

Qu'ai-je deviné?

DON JUAN.

Que je ne suis pas un moine.... c'est à vos pieds que j'implore mon pardon.

DOÑA ANA.

Grands dieux! levez-vous. Qui êtes-vous donc?

DON JUAN.

Un infortuné.... la victime d'une passion sans espoir.

DOÑA ANA.

Ciel! ici!... devant cette tombe!... Éloignez-vous.

DON JUAN.

Un instant, doña Ana, un seul instant.

DOÑA ANA.

Si quelqu'un entrait?...

DON JUAN.

La grille est fermée. Un seul instant.

DOÑA ANA.

Eh bien, quoi ? Que voulez-vous ?

DON JUAN.

La mort.... que je meure sur-le-champ à vos pieds ! Qu'on enterre ici même mon inutile dépouille. Non, pas ici, pas près de la dépouille qui vous est chère ; mais là, plus loin, près de la porte, au seuil même, pour que vous puissiez quelquefois toucher ma pierre de votre pied léger, ou la frôler du pan de votre robe, lorsque vous reviendrez incliner encore votre front et pleurer sur cette tombe orgueilleuse.

DOÑA ANA.

Vous êtes insensé !

DON JUAN.

Est-ce être insensé, doña Ana, que de désirer la mort ? Si j'étais insensé, je voudrais garder l'espoir de toucher votre cœur par un amour sans bornes ; si j'étais insensé, je passerais les nuits sous votre balcon, troublant votre sommeil par des sérénades ; je ne me serais pas caché ; je me serais efforcé d'être en tout lieu remarqué de vous. Si j'étais insensé, je ne me serais pas résigné à taire ma souffrance....

DOÑA ANA.

C'est ainsi que vous la taisez?

DON JUAN.

L'occasion, doña Ana, la seule occasion m'a entraîné. Sans elle vous n'auriez jamais appris mon triste secret.

DOÑA ANA.

Il y a longtemps que vous m'aimez?

DON JUAN.

Je ne le sais pas moi-même. Mais je sais que je n'attache de prix à cette vie fugitive que depuis l'instant où je vous ai vue, où j'ai compris ce que peut signifier le mot de bonheur.

DOÑA ANA.

Retirez-vous. Vous êtes un homme dangereux.

DON JUAN.

Dangereux! Et comment?

DOÑA ANA.

Je crains de vous entendre.

DON JUAN.

Je me tairai. Seulement ne chassez pas celui qui n'a d'autre joie que votre vue. Je ne nourris pas d'espérance folle ; je n'ose prétendre à rien. Mais il faut que je vous voie si je suis condamné à vivre.

DOÑA ANA.

Allez, ce n'est pas ici la place à de pareils transports. Venez chez moi demain. Si vous jurez de me conserver le même respect que vous m'avez témoigné aujourd'hui, je vous recevrai.... vers le soir.... Je ne vois personne depuis que je suis veuve.

DON JUAN.

Vous êtes un ange, doña Ana; que le ciel vous console comme vous venez de consoler un infortuné !

DOÑA ANA.

Éloignez-vous.

DON JUAN.

Un seul instant encore....

DOÑA ANA.

Non, c'est moi qui dois m'éloigner. La prière ne viendrait plus à mes lèvres. Vous m'avez distraite par vos paroles mondaines.

Il y a longtemps que mes oreilles en sont déshabituées. Je vous recevrai....

DON JUAN.

Je n'ose encore croire à mon bonheur. Quoi! je vous verrai demain! pas ici, pas en cachette!

DOÑA ANA.

Oui, demain. Quel est votre nom?

DON JUAN.

Diego de Calvido.

DOÑA ANA.

Adieu, don Diego. (*Elle sort.*)

DON JUAN.

Leporello! (*Entre Leporello.*)

LEPORELLO.

Que voulez-vous?

DON JUAN.

Cher Leporello! Oh! mon Leporello! je suis heureux!... Demain, vers le soir.... Mon Leporello, demain.... prépare.... Je suis heureux comme un enfant.

LEPORELLO.

Vous avez parlé à doña Ana. Vous a-t-elle

dit quelque parole aimable? ou lui avez-vous donné votre bénédiction?

DON JUAN.

Non, Leporello, non. Un rendez-vous.... Elle m'a fixé un rendez-vous.

LEPORELLO.

En vérité! O veuves, vous êtes toutes ainsi.

DON JUAN.

Je suis heureux, je suis prêt à chanter ; je voudrais embrasser tout le monde.

LEPORELLO.

Et le commandeur! que dira-t-il de tout cela?

DON JUAN.

Tu crois qu'il fera le jaloux? Ma foi, non. Ç'a été toujours un homme raisonnable, et qui s'est calmé certainement depuis qu'il est mort.

LEPORELLO.

Je ne sais. Regardez un peu sa statue.

DON JUAN.

Eh bien?

LEPORELLO.

Il me semble qu'elle vous regarde avec colère.

DON JUAN.

Ah! vraiment! Eh bien, Leporello, prie-la de me faire l'honneur de venir demain chez moi.... non, chez doña Ana.

LEPORELLO.

Inviter une statue en visite! Pourquoi faire?

DON JUAN.

Pas, probablement, pour faire la causette avec elle. Prie la statue de venir demain, un peu tard dans la soirée, et de se placer en sentinelle devant la porte de la chambre de sa femme.

LEPORELLO.

Quel temps prenez-vous pour plaisanter, et avec qui?

DON JUAN.

Va donc.

LEPORELLO.

Mais....

DON JUAN.

Va, te dis-je.

LEPORELLO.

Illustre et magnifique statue, mon seigneur don Juan vous requiert humblement de lui faire la grâce.... Devant Dieu, je ne puis, j'ai peur.

DON JUAN.

Lâche ! je vais te....

LEPORELLO.

Attendez. — Mon seigneur don Juan vous prie de venir demain, un peu tard, dans la maison de votre épouse, et de vous placer en faction à la porte. (*La statue fait un signe d'assentiment.*) Aïe !...

DON JUAN.

Qu'est-ce ?

LEPORELLO.

Aïe ! aïe ! je suis mort.

DON JUAN.

Que t'est-il arrivé ?

LEPORELLO, *hochant la tête.*

La statue.... Aïe !

DON JUAN.

Tu salues ?

LEPORELLO.

Non, pas moi, elle.

DON JUAN.

Quelle sornette débites-tu ?

LEPORELLO.

Allez vous-même.

DON JUAN.

Eh bien! regarde, coquin! (*A la statue.*) Moi je te prie, commandeur, de venir chez ta veuve, où je serai demain, et de te placer devant sa porte en sentinelle. Viendras-tu? (*La statue fait le même signe.*) Dieu!

LEPORELLO.

Que vous avais-je dit?

DON JUAN.

Sortons. (*Ils sortent.*)

SCÈNE IV.

(Appartement de doña Ana.)

DOÑA ANA, DON JUAN.

DOÑA ANA.

Je vous ai reçu, don Diego ; mais je crains que ma triste conversation ne vous semble ennuyeuse. Pauvre veuve, je ne puis oublier ma perte ; je mêle, comme le mois d'avril, les pleurs avec les sourires. — Pourquoi vous taisez-vous ?

DON JUAN.

Je jouis en silence de la pensée d'être seul avec l'adorable doña Ana, ici, non point là, non pas au tombeau de l'heureux défunt, et je ne vous vois pas agenouillée devant votre époux de marbre.

DOÑA ANA.

Seriez-vous jaloux, don Diego? Mon mari vous inquiète, même dans la tombe?

DON JUAN.

Je ne dois pas oser être jaloux. C'est vous-même qui l'aviez choisi?

DOÑA ANA.

Non; ma mère a donné ma main à don Alvar. Nous étions pauvres, il était riche.

DON JUAN.

Heureux Alvar! il a porté de misérables trésors à vos pieds; et c'est cette misère qui lui a fait goûter les joies du paradis. Oh! si je vous avais connue auparavant! ce n'est pas seulement ma fortune, mon rang, tout enfin, que j'aurais donné avec bonheur pour un seul regard bienveillant de vos yeux; je serais devenu l'esclave de votre volonté sacrée. Je me serais voué à étudier tous vos désirs pour les prévenir tous, pour que votre vie se déroulât dans un enchantement perpétuel. Hélas! le destin ne l'a pas voulu.

DOÑA ANA.

Don Diego, cessez. Je fais un péché en vous

écoutant. Je ne puis vous aimer. Une veuve doit être fidèle au delà du tombeau. Si vous saviez combien don Alvar m'a aimée! Oh! certes, devenu veuf, il n'aurait pas reçu chez lui une dame amoureuse. Il serait resté fidèle à la foi de l'époux.

DON JUAN.

Ne me déchirez pas le cœur, doña Ana, avec cette éternelle souvenance de votre mari. Cessez de m'infliger ce supplice, quoique.... peut-être.... j'en aie mérité un.

DOÑA ANA.

Comment donc? Vous n'êtes lié à personne, n'est-ce pas, par des liens sacrés? En me parlant d'amour, vous êtes dans votre droit, devant le ciel et devant moi-même?

DON JUAN.

Devant vous!... Dieu!...

DOÑA ANA.

Seriez-vous coupable devant moi? En quoi donc? Parlez.

DON JUAN.

Non, jamais!

DOÑA ANA.

Diego, qu'est-ce à dire?... Vous m'avez offensée! En quoi donc? répondez.

DON JUAN.

Pour rien au monde.

DOÑA ANA.

Voilà qui est étrange, Diego. Je vous le demande, je l'exige.

DON JUAN.

Non, non!

DOÑA ANA.

Ah! c'est ainsi que vous êtes obéissant à ma volonté? Comment disiez-vous tout à l'heure que vous vouliez être mon esclave? Je me fâcherai, si vous ne me dites sur-le-champ en quoi vous avez pu m'offenser.

DON JUAN.

Je n'ose. Vous me détesterez.

DOÑA ANA.

Non, non; je vous pardonne d'avance. Mais je veux savoir....

DON JUAN.

Ne désirez pas apprendre un secret terrible, un secret de sang.

DOÑA ANA.

Un secret terrible! Vous me mettez hors de moi. Qu'est-ce que ce peut être? Quel tort avez-vous pu me faire? Je ne vous connaissais pas. Je n'ai point d'ennemi. Je n'ai pas pu en avoir. Il n'y a que l'assassin de mon mari....

DON JUAN.

(*A part.*) Je ne puis plus reculer. (*Haut.*) Dites-moi, le malheureux don Juan vous est inconnu?

DOÑA ANA.

Je ne l'ai jamais vu.

DON JUAN.

Vous nourrissez contre lui une haine implacable?

DOÑA ANA.

C'est le devoir de l'honneur. Mais vous essayez de détourner ma question, don Diego. J'exige toujours....

DON JUAN.

Si vous rencontriez don Juan?

DOÑA ANA.

J'enfoncerais mon poignard dans le cœur de ce pervers.

DON JUAN.

Doña Ana, où est ton poignard? Voici ma poitrine.

DOÑA ANA, *se levant*.

Diego!... quoi!...

DON JUAN.

Je ne suis pas Diego, je suis Juan.

DOÑA ANA.

Impossible!... je ne puis le croire.

DON JUAN.

Je suis don Juan.

DOÑA ANA.

Ce n'est pas vrai.

DON JUAN.

J'ai tué ton mari, et je n'ai pas de regrets, et je n'ai pas de remords.

DOÑA ANA.

Q'entends-je?

DON JUAN.

Je suis don Juan, et je t'aime!

DOÑA ANA.

Où suis-je?... je me meurs!...

DON JUAN.

Reviens à toi.... ton Diego, ton esclave est à tes pieds.

DOÑA ANA, *d'une voix faible*.

Laissez-moi.... Vous êtes mon ennemi.... Vous m'avez ôté tout.... tout ce qui est dans la vie..:.

DON JUAN.

Douce créature, je suis prêt à racheter comme tu le voudras le coup que je t'ai porté. Ordonne que je meure, et je vais mourir.... Ordonne que je respire, et je ne respirerai que pour toi.

DOÑA ANA, *toujours faible*.

C'est donc là don Juan ?...

DON JUAN.

N'est-ce pas, on vous l'a dépeint comme un monstre odieux? O doña Ana, sachez que la renommée qui en parlait ainsi n'avait pas tort. Beaucoup de mal pèse sur ma conscience fatiguée. Mais, depuis que je vous ai vue, tout a changé en moi. Il me semble que je viens de naître à une nouvelle vie; en vous aimant, c'est la vertu que j'aime, et pour la première fois, j'incline devant elle mes genoux tremblants.

DOÑA ANA.

Oh! je le sais, don Juan a de l'éloquence; c'est un homme perfide et rusé. On dit que vous êtes un impie, sans foi ni loi, un vrai démon. Combien de pauvres femmes avez-vous déjà perdues?

DON JUAN.

Je n'en ai pas aimé une seule jusqu'à ce jour.

DOÑA ANA.

Et je croirais que don Juan s'est épris pour la première fois, qu'il ne cherche pas en moi une nouvelle victime?

DON JUAN.

Si j'avais voulu vous tromper, aurais-je avoué qui j'étais? aurais-je prononcé ce nom que vous ne pouviez entendre? Y a-t-il là de la perfidie?

DOÑA ANA.

Qui peut lire en vous? — Mais comment êtes-vous venu ici? On pouvait vous reconnaître, et votre mort était certaine.

DON JUAN.

Que signifie la mort? Je donnerais sans murmure ma vie pour un seul doux instant d'intimité.

DOÑA ANA.

Comment sortirez-vous d'ici, imprudent?

DON JUAN, *lui baisant la main.*

Vous daignez songer à la vie du pauvre Juan; il n'y a donc pas de haine dans ton âme céleste, doña Ana?

DOÑA ANA.

Ah! si je pouvais vous haïr!... Il faut nous séparer.

DON JUAN.

Quand nous reverrons-nous?

DOÑA ANA.

Je ne sais.... Une autre fois.

DON JUAN.

Demain?

DOÑA ANA.

Mais.... où?

DON JUAN.

Ici.

DOÑA ANA.

Oh! don Juan, que je suis faible de cœur!

DON JUAN.

En gage du pardon, un baiser de paix.

DOÑA ANA.

Partez, il en est temps.

DON JUAN.

Un seul, froid, un baiser de paix.

DOÑA ANA.

On ne peut se délivrer de vous. Eh bien!... le voilà!... (*On frappe.*) Quel bruit? Sauve-toi, Juan.

DON JUAN.

Adieu, au revoir, mon amie. (*Il sort, et rentre en poussant un cri.*)

DOÑA ANA.

Qu'as-tu?
(*Entre la statue du commandeur. — Doña Ana jette un cri, et tombe évanouie.*)

LE COMMANDEUR, *à don Juan.*

Je suis venu à ton appel.

DON JUAN, *soutenant doña Ana.*

Doña Ana.... Grand Dieu!

LE COMMANDEUR.

Jette là où elle est. Tout est fini. Tu trembles, don Juan!

DON JUAN.

Moi? non. Je t'ai appelé, et je suis content de te voir.

LE COMMANDEUR.

Donne-moi la main.

DON JUAN.

La voilà!... oh! il est terrible le serrement de ta main de pierre. Laisse-moi, lâche ma main.... Je suis perdu.... Oui, tout est fini. O doña Ana!... (*Ils disparaissent tous deux.*)

FIN.

TABLE.

Boris Godounoff.................................... 9

Le baron avare.................................... 151

Mozart et Salieri.................................. 179

La Roussàlka...................................... 197

L'Invité de pierre................................. 235

FIN DE LA TABLE.

PARIS. — IMPRIMERIE DE CH. LAHURE ET Cⁱᵉ
Rues de Fleurus, 9

www.ingramcontent.com/pod-product-compliance
Lightning Source LLC
Chambersburg PA
CBHW060127190426
43200CB00038B/1072